Jean-Paul Simard

ESPIRITUALIDADE

Os recursos da alma para a cura
dos sofrimentos e das doenças

Paulinas

Dados Internacionais de Catalogação na Publicação (CIP)
(Câmara Brasileira do Livro, SP, Brasil)

Simard, Jean-Paul
  Espiritualidade : os recursos da alma para a cura dos sofrimentos e das doenças / Jean-Paul Simard ; tradução Marcelo Dias. – São Paulo : Paulinas, 2016. – (Coleção saúde e bem-estar)

  Título original: Que faire quand la souffrance et la maladie frappent à notre porte?
  ISBN 978-2-89129-546-8 (Ed. original)
  ISBN 978-85-356-4206-3

  1. Cura pela fé - Igreja Católica 2. Sofrimento - Aspectos religiosos - Igreja Católica I. Título. II. Série.

16-06616   CDD-234.131

Índice para catálogo sistemático:
1. Cura pela fé : Cristianismo   234.131

Título original: Que faire quand la souffrance et la maladie frappent à notre porte?
© Éditions Anne Sigier (Médiaspaul), 2008.

1ª edição – 2016
2ª reimpressão – 2019

Direção-geral: *Bernadete Boff*
Editora responsável: *Andréia Schweitzer*
Tradução: *Marcelo Dias Almada*
Copidesque: *Mônica Elaine G. S. da Costa*
Coordenação de revisão: *Marina Mendonça*
Revisão: *Ana Cecilia Mari*
Gerente de produção: *Felício Calegaro Neto*
Projeto gráfico: *Jéssica Diniz Souza*
Diagramação: *Manuel Rebelato Miramontes*
Imagem de capa: *@Catwoman - Fotolia*

Nenhuma parte desta obra poderá ser reproduzida ou transmitida por qualquer forma e/ou quaisquer meios (eletrônico ou mecânico, incluindo fotocópia e gravação) ou arquivada em qualquer sistema ou banco de dados sem permissão escrita da Editora. Direitos reservados.

Paulinas
Rua Dona Inácia Uchoa, 62
04110-020 – São Paulo – SP (Brasil)
Tel.: (11) 2125-3500
http://www.paulinas.com.br – editora@paulinas.com.br
Telemarketing e SAC: 0800-7010081

© Pia Sociedade Filhas de São Paulo – São Paulo, 2016

Agradeço a Jacques Bonneau,
capelão do hospital Saint-Jean-sur-Richelieu,
e a Monique Lévesque,
assistente social do setor de medicina e oncologia,
que me falaram da necessidade urgente
de uma obra dessa natureza
e me deram todo o incentivo
ao longo de sua realização.

SUMÁRIO

Introdução 7

1. O sofrimento e a doença: "experiências inevitáveis" 9
   Encontrar um sentido para o sofrimento e para a doença 11
   A doença faz parte da saúde 13

2. O sofrimento e a doença causam angústia 15
   A angústia está ligada à consciência da dor experimentada 16
   A angústia está ligada ao sentido
   dado ao sofrimento e à doença 17

3. O sofrimento tem sentido? 19
   Duas atitudes diante do sofrimento e da doença 21
   O sofrimento é uma lei da evolução 26
   O ensinamento trazido pelo sofrimento e pela doença 28

4. Há curas espetaculares 31
   O maravilhoso poder de cura do corpo humano 32
   O câncer pode ser curado 33

5. Os recursos da alma para a cura 37
   A alma: um "campo" favorável à cura 39
   As doenças da alma 40

6. O poder curativo da espiritualidade 45
A fé e a saúde 46
O sofrimento faz o coração se abrir para Deus 47
É possível recorrer à força curativa divina 51

7. O sentido cristão do sofrimento 57
O sofrimento é presença de Deus 58
O valor do sofrimento para a redenção 61

8. Deus é responsável pelo sofrimento? 63
Deus não quer o mal 64
Por que Deus não intervém no infortúnio? 66

9. A prece de cura 69
Prece para quando se está em dificuldade 71
Prece para quando se está em situação extrema 72
Prece do nome de Jesus 73
Prece de entrega 75
Prece de louvor 77
Prece para nos livrar do medo e da angústia 78
A prece é eficaz? 79
Prece da serenidade 83

10. Como acompanhar uma pessoa em seu sofrimento e doença? 85
Primeiro, o acolhimento 85
Em seguida, há a escuta 88

Conclusão 93

INTRODUÇÃO

*Compreender melhor o sofrimento
para enfrentá-lo melhor
ou acompanhá-lo melhor.*

Em toda parte, no meio hospitalar, em casa, nos centros de tratamento paliativo e de longa duração, buscam-se instrumentos que possam ajudar as pessoas a enfrentar a provação do sofrimento e da doença.

Recorre-se então à medicina, às vezes se exigindo dela mais do que pode oferecer. Por certo a ajuda médica é importante, mas a experiência cotidiana do sofrimento, físico, moral ou psicológico, leva à tomada de consciência de que há problemas que os medicamentos não conseguem aliviar.

Como responder, por exemplo, às perguntas: "Por que eu?", ou, então, "O que fiz para merecer isto?", "O que fazer e o que posso esperar em meio ao sofrimento e à doença?", "Será que Deus não vê meu sofrimento?", "Qual o sentido do meu sofrimento, da minha doença?". Estas perguntas muitas vezes soam como um mau agouro.

Filosofias e bom senso dizem como a pessoa deve se comportar em meio ao sofrimento, mas são absolutamente incapazes de mostrar o seu sentido. Um caminho nessa direção é afirmar que se trata de algo inscrito nas leis da natureza, assim como a morte, acrescentando que, nesse campo, é mais fácil explicar a causa do que encontrar um sentido.

Esse sentido nós o buscamos na antropologia e na espiritualidade. Ao recorrer à espiritualidade não pretendemos deixar de lado nenhum tipo de ajuda médica. Queremos sim um complemento para a medicina, colocando a sua disposição os recursos insuspeitos da alma para o processo de cura.

Diz a sabedoria popular: "Tem menos dor de cabeça aquele que cuida da alma". É o que queremos ilustrar, a nosso modo, neste pequeno livro. Que ele possa ajudar o leitor a encontrar conforto, alívio e até mesmo a cura!

1. O SOFRIMENTO E A DOENÇA: "EXPERIÊNCIAS INEVITÁVEIS"

Querer afastar do caminho todo sofrimento significa furtar-se a uma parte essencial da vida humana.
Konrad Lorenz

O que somos em meio ao sofrimento e à doença?

Poderíamos responder da seguinte forma: "Diga como sofre e lhe direi quem você é".

O sofrimento e a doença são testes da existência. Fazem com que nos revelemos e também colocam para cada um de nós a questão do sentido da vida. Perguntamo-nos então o porquê dessas provações que contrariam nossas expectativas e desejos.

Quantos aspectos importantes da vida passam a ser questionados ao mesmo tempo: a família, o trabalho, os projetos, o gosto pela vida, a confiança no futuro! Logo nos sentimos carentes diante dessas realidades que, em tempos normais, constituem razões de viver.

Certamente não estamos preparados quando a doença ou o sofrimento batem a nossa porta. Uma vida excessivamente protegida, sem o aprendizado da dor, nos predispõe a não suportar nenhum sofrimento. Não nos ensina a superar as inevitáveis feridas que a vida nos traz. No entanto, não temos escolha, o sofrimento existe e nos impõe sua presença sob todas as formas.

A vida começa e termina com sofrimento. O prazer e a felicidade é preciso buscar; já o sofrimento, ao contrário, vem ao nosso encontro. A doença e o sofrimento surgem como "experiências inevitáveis" da condição humana.

Poucas pessoas são poupadas de sofrer acidentes, fracassos, perda de emprego, decepções amorosas, divórcio, doenças, luto etc. Por certo há momentos felizes, mas para muitos a vida é feita de sofrimento, adversidades e, às vezes, injustiças e horror.

Todas essas provações demarcam o caminho da existência, muitas vezes sem que possamos fazer nada. Logo tomamos consciência de que há acontecimentos que literalmente ultrapassam nossas forças e de que nem tudo na vida podemos controlar. Para compensar as adversidades e enfrentar os obstáculos do destino, é preciso às vezes recorrer a uma força superior.

Em sua obra magistral intitulada *Ética*, Spinoza escreve que "é limitada a força com a qual o homem persevera na existência, e a potência das causas exteriores a supera infinitamente". Acrescenta, porém, que "a determinada força, qualquer que seja ela, é sempre possível opor uma força maior que a ultrapassa".[1] Pode-se presumir que essa força é de natureza humana e espiritual, como explicaremos adiante.

Todas as pessoas que conseguem se reerguer têm algo em comum: a capacidade de se proteger, de evitar a destruição psíquica ou física e a possibilidade de se recompor, quaisquer que sejam as circunstâncias. Para muitos, a isso vêm se acrescentar os preciosos meios de cura oferecidos pela dimensão espiritual do ser.

Encontrar um sentido para o sofrimento e para a doença

Para encontrar um sentido para o sofrimento e a doença, o primeiro passo é aceitar que fazem parte da condição humana.

O sofrimento é, após a vida, o maior denominador comum da humanidade. Um dos primeiros textos sobre o sofrimento, o livro de Jó, apresenta-o ligado à condição humana.

• •

"O homem, nascido da mulher, tem vida curta, mas tormentos em profusão. Assim como a flor, nasce e murcha, foge como a sombra e não permanece" (Jó 14,1-2).

• •

Nesse livro, Jó faz a pergunta diretamente a Deus: "Por que existe o sofrimento?". Gostaríamos de obter a resposta, mas Deus não responde. Na mesma época, a milhares de quilômetros de distância, Buda se fazia a mesma pergunta e constatava que "toda vida é sofrimento", tornando-se esta a

---

[1] Spinoza. *L'Éthique*, Paris: Gallimard, col. Folio, 1954, p. 270. [Ed. bras.: *Ética*. 3. ed. São Paulo: Autêntica, 2010.] Ver a proposição III e o axioma da Parte 4.

primeira das "quatro nobres verdades" do budismo. Confúcio, 400 anos a.C., também se fazia a mesma pergunta.

Mais próximo de nós, o psicanalista Viktor Frankl fala da "tríade trágica", que afeta todo ser humano: a dor, a culpa, a morte. Não há ser humano que possa afirmar não ter sofrido, nunca ter fracassado ou perdido algo, tampouco que possa dizer que não morrerá. Todos se devem render à evidência de que sofrem, de que não são perfeitos moral e psiquicamente e de que vão morrer. Ninguém é impecável e correto o tempo todo. Contra nossa vontade, praticamos atos, apresentamos comportamentos que, cedo ou tarde, geram doença e sofrimento.

Freud pensava que as pessoas fugiam da dor e buscavam o equilíbrio. Acabou descobrindo o contrário. Do modo mais espontâneo e natural, elas fogem do mundo e partem rumo à submissão, à droga, ao fumo, ao álcool ou a tranquilizantes.[2]

A "tríade trágica" faz parte da condição do ser humano limitado no tempo e no espaço. Precisamos também aprender a aceitar nossa "finitude" e nela encontrar um sentido.[3]

Não é fácil aceitar essa dimensão da condição humana numa sociedade que promove a excelência. Custe o que custar, é preciso ter o melhor desempenho. Não há lugar para o erro. É preciso obrigatoriamente ser bonito, inteligente, cheio

---

[2] Revista *Psychologies*, fevereiro 1993, n. 106, p. 38s.
[3] O teólogo protestante Paul Tillich fala da "finitude essencial": o ser humano está sujeito ao erro e ao desvio nos planos físico, psíquico, moral e espiritual e, portanto, sujeito à doença, ao sofrimento e à morte (cf. Paul Tillich, *Théologie systématique*, tomo II. *L'être et Dieu*, Paris: Planète, 1970, p. 63. [Ed. bras.: *Teologia sistemática*. 23. ed. São Leopoldo: Sinodal, 2014]).

Uma pessoa com boa saúde é capaz de se adaptar às diversas situações da vida, feitas de frustrações e alegrias, de momentos difíceis de atravessar, de problemas a resolver. A saúde não é, portanto, um estado de ausência de doença. A saúde e a doença não são incompatíveis: nos dois casos, é a vida que busca transcender a morte.

de saúde. Marcada pela preocupação com o desempenho e o sucesso, nossa sociedade encontra muita dificuldade em levar em conta as fragilidades da alma e do corpo.

A doença faz parte da saúde

A doença faz parte da saúde.

Esta afirmação é, no mínimo, um paradoxo, pois num mundo ideal deveríamos morrer saudáveis, assim como a vela ilumina até o fim com a mesma intensidade. Deveríamos viver uma vida plena e intacta até os 120 anos, experimentar apenas o prazer, a felicidade, o êxito.

É nesse sentido que a Organização Mundial de Saúde (OMS) define saúde como "estado de completo bem-estar físico, mental e social; não apenas a ausência de doença ou enfermidade". Trata-se, evidentemente, de uma concepção otimista da saúde.

De modo mais realista, Ivan Illich, grande especialista no campo da medicina, fala de saúde como "a capacidade de se adaptar a um meio ambiente instável, a capacidade de crescer, de envelhecer, de curar-se quando necessário, de sofrer e morrer em paz. A saúde leva em conta o futuro, isto é, pressupõe a angústia e também os recursos necessários para se viver com a angústia".[4] Essa definição deixa implícito que a aptidão para enfrentar o sofrimento, a doença, a angústia e o fracasso também faz parte da saúde.

---

[4] Cf. o texto de Ivan Illich intitulado *L'expropriation de la santé* (A expropriação da saúde), que supostamente teria servido para a elaboração de seu livro *Némésis médicale*. [Ed. bras.: *A expropriação da saúde*: nêmosie da medicina. Rio de Janeiro, Nova Fronteira, 1976.]

2. O SOFRIMENTO E A DOENÇA CAUSAM ANGÚSTIA

Por que querer excluir da vida os sofrimentos, as preocupações, as pesadas melancolias, cuja atuação em ti tu ignoras?
Rainer-Maria Rilke, Cartas a um jovem poeta, VII.

Toda pessoa que sofre ou está doente fica angustiada.

Essa angústia é mais importante do que pensamos. Sei do caso de uma pessoa que morreu na primeira fase do mal de Parkinson. O que a matou foi menos a doença do que o pânico que dela se apoderou diante da inexorabilidade de sua condição. Ela não aceitou o diagnóstico e muito menos o tratamento. Segundo sua enfermeira, essa pessoa poderia ter vivido dez ou quinze anos a mais, se tivesse aceitado a condição em que se encontrava.

Existe um princípio incontornável no sofrimento: *o medo de encará-lo aumenta a força com que ele atua sobre nós.*

A angústia que acompanha a pessoa doente deve-se a diversos fatores. Recolhida em casa ou presa a um leito de hospital, ela muitas vezes vê que aos poucos perde o controle da própria vida. Passa a ter como espaço vital apenas o metro quadrado do leito ou a reduzida área do quarto. Vive na insegurança com os altos e baixos da doença e o agravamento de sua condição. Não tem certeza quanto ao futuro. Acrescente-se a isso o fato de a dependência em relação aos outros lhe parecer um atentado a sua dignidade.

Note-se que, até mesmo fora da doença e do sofrimento, a angústia está naturalmente presente no ser humano. Não nos espantemos com isso. Meus únicos conhecidos que não se angustiam estão no cemitério. A angústia, assim como o sofrimento, faz parte da condição humana. Insere-se nas leis da natureza, como o nascimento e a morte. É preciso aprender a conviver com ela e dominá-la. Tudo, porém, depende da atitude que se adota.

A angústia está ligada à consciência da dor experimentada

Ensina o Dalai Lama que, diante de um mesmo sofrimento, *um espírito tranquilo e feliz sofre bem menos do que outro agitado e inquieto.*

Observa ele que uma pessoa de espírito lúcido, aberto, equilibrado, adotará atitudes conciliadoras diante das inevitáveis dificuldades e permanecerá em paz, ainda que grandes infortúnios lhe sobrevenham; já um espírito tacanho, agitado, inquieto, irrefletido se sentirá imediatamente desamparado e carente diante de um simples imprevisto desagradável. Em termos de resistência ao sofrimento, o espírito é muito mais importante que o corpo.

Assim também é em relação à vontade de curar-se. Como o corpo e o sistema imunológico haveriam de se interessar pelo trabalho de cura diante de um espírito sombrio e inquieto, que nem sequer tem confiança em si próprio? Nada é tão nefasto e destrutivo quanto os pensamentos negativos. Quer se trate de resistência ao sofrimento, ou de desejo de cura, poderíamos, como Montaigne em seus *Ensaios*, proclamar: "O espírito humano é um grande realizador de milagres".

A angústia está ligada ao sentido dado ao sofrimento e à doença

O medo e a angústia diante do sofrimento passam por um questionamento quanto ao sentido da vida.

Quando permanecemos por muito tempo sem resposta diante das grandes questões da existência (a vida, o amor, o sofrimento, a morte, o além), a angústia se instala e pode levar ao desespero.

O que é o desespero, pergunta-se Viktor Frankl? "É o sofrimento desprovido de sentido", diz ele. "O ser humano se dispõe a sofrer desde que o sofrimento tenha um sentido".[1] Frankl demonstrou que o ser humano pode sobreviver às piores condições, se sua vida tiver um sentido. Ele aceita de boa vontade suportar os piores fardos e grandes sofrimentos desde que isso dê um sentido a sua vida e o leve a continuar vivendo. Os exemplos são numerosos: sofrer por um ideal, aceitar

---

[1] Viktor Frankl. *The Unconscious God*. New York: Simon and Schuster, 1975, p. 137. [Ed. bras.: *A presença ignorada de Deus*. 22. ed. São Leopoldo/Petrópolis: Sinodal/Vozes, 2011.]

uma cirurgia complicada, arriscar a vida para salvar um filho, enfrentar tratamentos contra câncer, aceitar a morte por um ideal etc. A pessoa que descobriu o *porquê* de sua existência pode facilmente suportar o *como* e pagar o preço necessário para atingir seu objetivo.

Os indivíduos podem adoecer caso suas vidas percam o sentido. O estresse causado pela ausência de sentido – podemos falar aqui de vazio espiritual – na maioria das vezes conduz ao sentimento de falta de valor e possivelmente à depressão, à doença e até mesmo à morte.

Apesar de seu caráter inexorável, a angústia não é irredutível. É possível dominá-la. Na antropologia espiritual, por exemplo, constata-se que as angústias são mais fortes quando vividas sem Deus; o contrário também vale: quanto mais vividas com Deus, mais são suportáveis. "O contrário de desesperar é crer", afirmava o filósofo Kierkegaard. Dizem os seres de grande espiritualidade: "Confie. Deus protege!".

É surpreendente ver a que ponto a fé, a confiança e o abandono em Deus podem nos apaziguar, quando a provação bate à porta. Conheço poucos meios tão eficazes.

Nesse mesmo espírito, o budismo propõe a prática do "vazio": não se sofre com aquilo que se ignora. E também a seguinte verdade: "Sofremos na medida de nossos desejos e de nosso apego". Para o budismo, diante do sofrimento, apenas o "vazio" pode trazer algum conforto. Quanto menos se tem consciência da dor (sofrimento, doença, provação), menos se sofre. Confúcio ensinava algo semelhante: "Uma injustiça não é nada caso se consiga esquecê-la".

Daí a necessidade de desenvolver atitudes conciliatórias diante do sofrimento. Ainda que nem sempre se possa evitar ou mudar a situação que o provoca, podemos aprender a aceitá-lo e depois a transformá-lo numa experiência significativa. O sofrimento então nos permite encontrar um sentido para a vida.

Num congresso sobre o tema "Seria ético abolir todo sofrimento?", a conclusão foi a seguinte: "Precisamos viver o sofrimento para descobrir a vida". Tomamos consciência da vida e da saúde quando essas duas coisas nos faltam. É nesse momento que nos questionamos.

É necessário enfrentar as dores que sentimos, já que são inevitáveis e a vida se constrói, sobretudo, com o que encaramos. O sofrimento, assim como a doença, nos obriga a questionar nosso modo de vida, a analisar nossa situação. O sofrimento existe, e temos algo a compreender por meio dele, como afirma o psicanalista Guy Corneau: "A doença tem muito a nos ensinar; o sofrimento é grande se não nos ensina nada. A doença é a parte mais saudável da nossa personalidade". Eis

3. O SOFRIMENTO TEM SENTIDO?

*A dor deixa de ser dor
se for um momento necessário ao progresso.*
Wilhelm G. Leibniz

O sofrimento tem sentido?

É nestes termos que se costuma colocar a questão. No entanto, a verdadeira pergunta seria: como encontrar sentido naquilo que parece não ter?

O sofrimento não existe para ser compreendido. É irracional. Se quisermos discutir com ele, nunca teremos razão. O provérbio "Quem raciocina se aprisiona" aplica-se perfeitamente bem nesse caso. O sofrimento torna-se ainda mais incompreensível quando resulta de um choque entre a vida e uma força cega que escapa totalmente ao controle.

As filosofias e as palavras sábias, não sabendo explicar o sofrimento, contentam-se em nos dar conselhos quanto ao modo de nos acomodar a ele. Os orientais compreenderam isso bem antes de nós. Diante do sofrimento, eles inventaram a meditação do silêncio. "A meditação é o silêncio do pensamento", dizia Krishnamurti. Isso significa que, quando não compreendemos, nos calamos.

por que buscar o sentido do sofrimento e da doença é o primeiro passo para a terapia ou para a cura.

Duas atitudes diante do sofrimento e da doença

Diante do sofrimento e da doença, podemos endurecer, nos revoltar ou, ao contrário, nos entregar, ceder.

Dizia Bernanos: "Não é a provação que nos aflige, mas a resistência que lhe opomos". Pensamos às vezes que a resistência firme nos fortalece. Muitas vezes, porém, é a entrega que nos torna mais fortes. Não temos que lutar contra o sofrimento, ele é mais forte que nós. Precisamos viver com ele. É preciso saber domá-lo. O sofrimento reprimido é o oposto do sofrimento integrado. Reconhecer a impotência diante do sofrimento (doença, acontecimentos, infortúnios) é a melhor maneira de assumir e, indiretamente, lutar contra ele.

Existe, quanto a isso, uma opção verdadeira e outra falsa.
- A opção falsa: é possível não estar doente, não sofrer?
- A opção verdadeira: é possível estar doente, em perigo, sofrer, ser perseguido e, ainda assim, manter a serenidade?

A resposta à verdadeira opção é "sim", naturalmente desde que se encontre um sentido no sofrimento. A esse respeito, eis o seguinte caso.

Certo dia recebi um telefonema de um de meus ex-alunos. Ele estava angustiado. No ano anterior, tinha sido vítima de um acidente de automóvel pelo qual não fora absolutamente responsável. Ele se interrogava quanto ao destino, que lhe fora tão ingrato e cruel. Ele compreendia sua condição, pois os médicos lhe haviam explicado que não poderia mais andar. O que ele não compreendia era por que a fatalidade se introduzira de modo tão desafortunado em sua vida. Ele se perguntava por que ficara preso a uma cadeira de rodas, ainda na flor da idade, impedindo a realização de seus sonhos e projetos para o futuro.

Passei algum tempo com ele, mas não consegui consolá-lo. Nesse dia compreendi, no entanto, algo essencial: a importância do sentido dado à vida através dos acontecimentos que a tecem.

Esse sentido com frequência toma o caminho do *porquê*: Por que eu? Por que sofro? Os outros podem andar, por que fiquei imobilizado? Os outros riem, correm, trabalham, desfrutam a vida, fazem carreira. O que aconteceu comigo?

O psicanalista Tobie Nathan constata que um médico, à pergunta "Por que estou doente?", pode responder com algo semelhante a: "Porque você fraturou a perna!", mas não pode responder a uma pergunta do tipo: "Por que fui eu que caí da árvore e não meu irmão ou meu primo?", "Por que fui cair da árvore justamente naquele dia?". É difícil responder a essas perguntas porque elas convidam à construção de um sentido.

A explicação não é o sentido. A ciência explica perfeitamente o *como*, mas é incapaz de responder o *porquê*. Os astrofísicos, por exemplo, podem explicar como o universo começou, mas não podem explicar por que "há algo além do nada" (Leibniz). Determinar o porquê é colocar a questão do sentido e da finalidade das coisas.

Para encontrar sentido no sofrimento a melhor atitude é a da humildade. Como o sofrimento não revela o seu segredo, é preciso fazer outra abordagem. É preciso colocar-se à sua escuta. O sofrimento interpela. Está presente para nos dizer: "Preste atenção! Eu, o sofrimento, sou um mensageiro, um sinal para você. Não tenha medo de mim, pois no fundo lhe presto um serviço".[1]

É cruel dizer isso, mas os humanos têm necessidade de sofrer para compreender. Aquilo que não aprendemos pela sabedoria, é preciso aprender pelo infortúnio. Na verdade, o sofrimento é a única linguagem que compreendemos verdadeiramente. Na maioria das vezes, decidimos mudar apenas quando o sofrimento se torna tão intolerável que não podemos fazer outra coisa. Afirma Pascal: "Todas as filosofias do mundo não valem tanto quanto uma hora de sofrimento". É muitas vezes nos momentos difíceis da vida que se fazem as mais belas aquisições.

Quantas vezes constatei, por exemplo, que o sofrimento fez meus filhos compreenderem coisas que não fui capaz de explicar em vinte anos! Tampouco procuro evitar todo e qualquer sofrimento para eles. Estou me tornando cada vez menos ansioso diante do sofrimento de meus filhos.

Conheço uma pessoa que, depois de ter sido vítima de um infarto, encontrou uma paz, uma serenidade e um equilíbrio pouco comuns. Antes, era superagitada, ansiosa, ambiciosa, obstinada. Sua vida não tinha nenhum sentido. A doença veio

---

[1] Carlo Carretto. *Le désert dans la ville* [O deserto na cidade], Cerf, 1979, p. 77.

lhe dizer que seu ritmo de vida era anormal, desumano, que era preciso mudar. Foi o que ela fez.

Depois de uma doença, a vida pode se apresentar bem mais bela que antes. É possível, como fazem os artistas, recriá-la e fazer dela uma verdadeira obra de arte. Tudo é possível para quem quer.

Outro conhecido meu era alcoólatra. Um grave problema de fígado veio lhe dizer que estava num momento decisivo na vida. Ele se viu diante de uma escolha: ou continuava a beber ou morreria em pouco tempo. Ele escolheu parar. Sua vida se transformou radicalmente. Sua família inteira se beneficiou disso. Foi um verdadeiro renascimento para todos.

Poderíamos multiplicar exemplos semelhantes e demonstrar, com cada sofrimento, cada doença, as lições da vida. O sofrimento e a doença vêm nos dizer que saímos das condições ideais da existência e que precisamos nos recompor. Acabamos dizendo a nós mesmos: "Agora eu entendo, vou corrigir meus erros". Ou então: "Vou mudar esse hábito que causa tanto mal". Quantas vezes reconhecemos que, se não tivéssemos tido determinado sofrimento, não teríamos compreendido certas coisas?

Consideramos o sofrimento e a doença como inimigos quando, ao contrário, podem ser parceiros e amigos. Eles nos alertam, nos fazem descobrir o que até então não tínhamos compreendido nem percebido por nós próprios.

É por isso que se diz que o sofrimento, a doença, a provação são "um segundo nascimento". Um floricultor certa vez me disse que "a flor é o sofrimento da planta. É preciso podar e cortar para se obter bons frutos: a própria natureza não é gratuita".

> O golpe de que te queixas talvez tenha te preservado,
> Filho, e foi com ele que teu coração se abriu!
> O homem é um aprendiz, a dor é sua mestra,
> E ninguém se conhece enquanto não tenha sofrido!
> (Alfred Musset, *A noite de outubro*)

Essa é, aliás, uma das grandes lições do Evangelho, por meio da imagem do grão de trigo que precisa morrer para dar vida à bela espiga, que logo estará balançando ao vento. Coberto pela terra hibernal, mais forte que a escuridão e o frio, o pequeno grão brota vitorioso na primavera. É a própria imagem da vida, que oscila constantemente entre a morte e o renascimento.

• •

"Se o grão de trigo caído na terra não morre, permanece só, mas, se morre, produz muitos frutos" (João 12,24).

• •

Se o grão de trigo não desaparecer na terra, não se desfizer, permanecerá estéril. Essa é uma lição de vida: é preciso aceitar que algo morra para se reencontrar a vida. Em todo sofrimento há uma semente de vida.

O sofrimento é uma lei da evolução

O sofrimento não é um preço a pagar, mas uma lei da evolução.

Toda purificação, toda catarse, individual ou coletiva, precisa passar por uma crise (*krisis* em grego quer dizer "decisão"). O mundo e a natureza evoluem segundo ritmos e ciclos, como a sucessão das estações. Com muita frequência o sofrimento e a doença abrem "passagem" para outra estação da vida do ser humano. Podem dar o impulso necessário para mudar uma situação, um modo de viver.

É preciso, portanto, não ver o sofrimento como um fracasso, mas como uma oportunidade de crescimento e realização. Trata-se de uma etapa para outro estado, em harmonia com as leis da natureza e do universo.

Pouco importa nosso grau de responsabilidade, é preciso não se ver como vítima diante do sofrimento e da doença. É preciso evitar a culpa. Há uma diferença entre ser responsável por sua própria doença e culpar-se.

Muito se falou numa determinada época sobre o *sofrimento-crescimento*. Fica, porém, cada vez mais difícil aceitar essa ideia em nossa sociedade. Isso se deve a razões socioculturais. Não queremos ser doentes, não aceitamos envelhecer, queremos tanto a cura que perdemos o sentido do sofrimento e da morte.

Num mundo em que a ênfase recai exclusivamente sobre a qualidade de vida – o que em si não é ruim –, o sofrimento surge como inaceitável, um antepasto que poderíamos perfeitamente dispensar. O sofrimento entra em contradição com o desejo natural de ser feliz, tão profundamente inscrito no coração humano. Tanto é assim que a aceitação do sofrimento se torna inevitavelmente estranha à própria concepção que se faz da felicidade. Ora, seria muito mais justo pensar que, "enquanto formos incapazes de aceitar a frustração, seremos incapazes de ser felizes".

Essa é, aliás, a opinião do célebre neuropsiquiatra Boris Cyrulnik, que afirma, paradoxalmente, que é preciso sofrer para ser feliz: "A felicidade", diz ele, "não existe em si mesma, é a vitória sobre o infortúnio que cria o sentimento de felicidade, assim como a sede propicia o prazer de beber um copo d'água. Ou seja, é preciso sofrer para ser feliz". Dr. Cyrulnik explica seu ponto de vista afirmando que é a alternância de períodos de preocupação e tranquilidade, de dor e consolo, de privação e satisfação que proporciona a consciência de se estar vivo e produz o sentimento chamado felicidade.[2]

Pode-se concluir que uma boa filosofia de vida deve incluir o sofrimento. O mais importante na vida não é a aptidão para ser feliz, mas a capacidade de enfrentar o infortúnio e o sofrimento quando eles chegam. Para ser feliz é preciso saber ser infeliz; para saber ganhar é preciso saber perder.

É porque nos convenceram que o ser humano foi feito para a felicidade que somos infelizes. Assim sendo, desejamos constantemente a felicidade e, quando não a alcançamos, nos cremos anormais. "O homem contemporâneo", escreveu

---

[2] Conversa com Boris Cyrulnik, "Le bonheur ça s'apprend" (A felicidade é algo que se aprende), por Claude Weil, na revista *L'Actualité*, 1º/12/2006, p. 30-31.

Dominique Jacquemin, "encontra-se cada vez mais submetido a uma ideologia hedonista e mentirosa: a felicidade está à nossa disposição como algo que nos é devido e não como um desafio para que seja encontrada e construída através dos acasos da existência de cada um".[3] Uma filosofia de vida saudável faz que a felicidade seja vista não como um objetivo, mas como uma recompensa.

O ensinamento trazido pelo sofrimento e pela doença

Por meio do sofrimento e da doença, a vida nos ensina.

Às vezes, o sofrimento e a doença são exatamente aquilo de que precisamos na vida. Se nunca encontrássemos o obstáculo da provação e do sofrimento, seríamos limitados. Não saberíamos verdadeiramente quem somos. Não conheceríamos nossa verdadeira identidade. "O homem se descobre ao se medir diante do obstáculo", escreveu Saint-Exupéry no começo de *Terra dos Homens*. Se nos livrássemos de todos os problemas e de todos os males, não mais poderíamos fazer conquistas. Ora, este é um mundo de conquistas e lutas. E isso começa bem cedo na vida.

---

[3] Dominique Jacquemin. *Bioéthique, médecine et souffrance: jalons pour une théologie de l'échec* (Bioética, medicina e sofrimento: balizas para uma teologia do fracasso), Médiaspaul, 2002.

Certo dia surgiu um pequeno buraco num casulo. Um homem, que por ali passava por acaso, parou para observar a borboleta que se esforçava para sair por esse buraco.

Depois de um bom momento, o buraco continuava pequeno. Parecia que a borboleta havia desistido, que havia feito tudo o que podia e não conseguiria fazer mais nada.

O homem então decidiu ajudar a borboleta. Pegou um canivete e abriu o casulo. A borboleta logo saiu.

Seu corpo, porém, era magro e sem vigor. As asas, mal desenvolvidas, pouco se moviam.

O homem continuou a observá-la, à espera de que a qualquer momento as asas se abrissem, suportando o corpo da borboleta, para que ela voasse.

Qual nada! A borboleta passou o resto da vida a se arrastar pelo chão com seu corpo magro e asas raquíticas. Nunca conseguiu voar.

O que o homem, com seu gesto de gentileza e sua intenção de ajudar, não compreendia é que a passagem pelo buraco estreito do casulo era o esforço necessário para a borboleta transmitir o líquido de seu corpo às asas a fim de que ela pudesse voar. Era o molde pelo qual a vida a fazia passar para crescer e desenvolver-se.

Essa é uma lei universal da vida, que não se realiza senão à custa de risco e aventura: não é possível transformar-se em borboleta e permanecer larva; é preciso correr o risco da própria metamorfose.

O bebê, no ventre da mãe, vive num estado eufórico. Banha-se como uma água-viva nas águas maternas com um conforto que nunca mais encontrará na sua existência. Depois, vem o contato com a dura realidade. É recebido com uma palmada. Sente frio e rapidamente o envolvem em panos. Mais tarde é em meio a cólicas, febres, nascer dos dentes e choros que ele vai se desenvolver.

É a lei do "Ajuda-te que o céu te ajudará". Muitos se agarram a Deus e prefeririam que ele suprimisse toda provação, todo perigo, toda adversidade, para não sofrer, para não precisar fazer esforços. Mas a pedagogia divina é outra. Deus quer nos fortalecer através das provações da vida. Se ele resolvesse todos os problemas, agiria de modo paternalista e não respeitaria nossa pessoa. Não respeitaria nossa liberdade.

Através das provações, ele quer nos tornar mais fortes. Quer nos permitir nossa autoconstrução e autodefinição, pelo nosso bem maior.

4. HÁ CURAS ESPETACULARES

*É preciso convencer os médicos da importância
do moral elevado do paciente
para seus progressos físicos,
da importância da fé para a possível cura
de uma doença grave ou até mesmo mortal.*
Dr. Carl Simonton

É preciso não desistir nunca diante do sofrimento e da doença.

Quando dizemos que é preciso aceitar o sofrimento e a doença como parte da condição humana, não queremos de modo algum afirmar a necessidade de abandono, de desistência diante dessas realidades. Ao contrário, é essencial saber utilizar todos os meios de cura que a vida, a natureza e a ciência oferecem.

Antes, porém, deve-se confiar nas imensas possibilidades de regeneração do corpo humano.

O corpo tem mecanismos excepcionais de cura; tudo o que lhe proporcionamos (dieta, medicamentos, cuidados médicos etc.) apenas estimula esses mecanismos de cura. Se o corpo se recusa a se curar, nenhum medicamento, nenhum tratamento será eficaz.

Isso também é válido para os doentes da alma. Carl Jung, por exemplo, admitiu várias vezes que, em muitos casos de cura, não fora ele, na condição de psiquiatra, quem agira; fora simplesmente o agente desencadeador de uma força interna situada na psique do paciente, e essa força é que produzira a cura.[1]

O maravilhoso poder de cura do corpo humano

É preciso crer no poder de cura do corpo humano.

O corpo pode muito mais do que supomos. Quando uma doença se manifesta, todas as funções corporais são alertadas e coordenadas pelo cérebro. Este põe em ação tudo o que é necessário para a cura. Quando machucamos um dedo, por exemplo, não é preciso se perguntar o que o corpo vai fazer para curar-se. O processo de autocura ativa-se de imediato, a carne se refaz e em geral volta a ser como era.

O que vale para um dedo machucado vale também para o conjunto das partes do corpo. O corpo é nosso melhor médico, e a doença é o esforço da natureza para nos curar. Podemos, portanto, aprender muito com a doença. Trata-se, então, de favorecer o processo interno de cura. Nesse sentido, é preciso compreender a célebre frase de Pasteur: "O micróbio não é nada, o terreno é tudo". O que é nocivo não são os micróbios, mas a fraqueza do organismo.

---

[1] Morton Kelsey. *Healing and Christianity*, Nova York, Harper and Row, 1973, p. 299. Citado por Michael Scanlan em *La guérison intérieure*, Pneumathèque, 1975, p. 11. [Ed. bras.: *A cura interior*. 7. ed. São Paulo: Paulus, 1985.]

Ora, sabemos que o terreno pode ser cultivado. Com base em casos de cura excepcionais, dr. Bernie Siegel, famoso cirurgião e professor da universidade de Yale, afirma que as remissões espontâneas não ocorrem em qualquer pessoa. Verificam-se em pacientes que assumem o controle de sua vida e não contam apenas com os médicos. Esses pacientes dão prova de otimismo, de uma vontade de ferro e são amantes da vida.[2]

É assim que o dr. Siegel conseguia saber quais de seus pacientes com câncer entrariam em fase de remissão. Ele lhes perguntava: "Quer viver até os cem anos?". Os que tinham uma forte motivação para viver respondiam afirmativamente e tinham muito mais chances de sobreviver do que os outros. A esperança de curar-se advém de uma forte motivação para a vida. Dr. Siegel qualifica essas pessoas como "pacientes excepcionais", qualidade muito apreciada pela medicina.

O que se deve ter em mente é que existe no corpo uma força, um dinamismo, um elã vital que, quando explorados, podem realmente orientar a pessoa para a cura.

O câncer pode ser curado

Há pessoas que se curam de câncer em fase terminal.

Conheço alguém que retornou à vida depois de duas recidivas de um câncer que o levara duas vezes à beira da morte.

---

[2] Bernie S. Siegel. *L'amour, la médecine et les miracles*, Paris, J'ai lu, 2004, 312 páginas [Ed. bras.: *Amor, medicina e milagres*. São Paulo: Best Seller, 1989]. Para se recuperar e conservar a saúde, o dr. Siegel detalha as técnicas que estimulam fortemente o processo de cura: a meditação, a visualização, a terapia em grupo, a afirmação das emoções, o lúdico, o trabalho com os sonhos, o desenho, o riso. Trata-se de um grande livro que ilustra a atuação espetacular do pensamento e das emoções sobre nosso corpo e restabelece a coragem e a esperança.

Sim, certamente, o corpo humano é complexo e o processo de cura, também. Não existe a ciência da cura. Uma coisa, porém, é certa: a cura implica também uma escolha. Para nos convencermos disso, basta ler as duas indispensáveis obras do dr. Simonton (e outras) sobre casos de câncer e doenças em geral. Todos as deviam ler: *Guérir envers et contre tout* (Curar-se diante de tudo e contra tudo) e *L'aventure d'une guérison* (A aventura de uma cura).[3] Elas nos ensinam muito sobre a capacidade do corpo para curar-se.

Dr. Simonton afirma que um de seus objetivos ao escrever esses livros era *convencer os médicos da importância do moral elevado do paciente para seus progressos físicos*, da importância da fé para a *possível cura* de uma doença grave, ou até mesmo mortal, e também para manter a autoestima, chamando a atenção para o fato de que a cura está em suas mãos, bem como nas de seus pacientes.

Passamos a expor o essencial do método do dr. Simonton.

O ponto de partida é a "vontade de viver". O câncer é uma doença como qualquer outra – uma doença grave, mas não necessariamente mortal. O imaginário mental – técnica pivô – da terapia parte da ideia-força da unidade funcional da pessoa. Imaginar que algo age sobre o corpo já é agir sobre ele.

---

[3] Carl Simonton, Stephanie Matthews Simonton, James Creighton. *Guérir envers et contre tout. Le guide quotidien du malade et de ses proches pour surmonter le câncer*, Desclée de Brouwer, 1982, 335 páginas [Ed. bras.: *Com a vida de novo*: uma abordagem de autoajuda para pacientes com câncer. São Paulo: Summus, 1997.]. Carl Simonton e Reid Henson. *L'aventure d'une guérison*, J'ai lu, col. Aventure Secrète, tradução francesa Belfond, 1993, 310 páginas. [Ed. bras.: *Cartas de um sobrevivente*: o caminho da cura através da transformação interior. São Paulo: Summus, 1994.]

A hipótese de base é que o imaginário mental, ao agir sobre os lobos frontais, atua sobre a hipófise e estimula as funções imunológicas e as defesas naturais do corpo.

Dr. Simonton conclui que toda pessoa contribui ativamente tanto para sua saúde quanto para sua doença.

Ora, o câncer e muitas outras moléstias estão claramente ligadas às características psicológicas da pessoa, tais como:
- sentir-se impotente diante de uma situação de estresse;
- conter as emoções ou ser incapaz de expressá-las;
- sentir ausência de vínculo com um dos pais ou com os dois.

"Os efeitos sobre a saúde provocados pelo sentimento de impotência e de incapacidade de exprimir as emoções têm sido relatados por muitos médicos. Assim, em meados dos anos 1960, o psicólogo Ronald Grossarth-Maticek começou a estudar os tipos de personalidade predispostos à doença. No caso do câncer, ele destacou como traços psicológicos determinantes o desespero e as emoções reprimidas." Para as doenças cardíacas ele apontou a hostilidade e a agressividade.

As pesquisas atuais já permitem "uma compreensão melhor de como as emoções se traduzem em substâncias químicas (moléculas de informação) que agem sobre o sistema imunológico e sobre os outros mecanismos de cura". Daí a importância de não se culpar caso a pessoa descubra em sua vida sentimentos e acontecimentos que possam ter provocado câncer; é sempre possível reverter a tendência, já que o corpo possui imensas possibilidades de regeneração.[4]

---

[4] No plano biológico, sabe-se hoje da importância de mudar os hábitos alimentares. Não vamos insistir nesse ponto; há muitas obras sobre o assunto que destacam a enorme importância dos antioxidantes na prevenção e na luta contra o câncer.

Poderíamos concluir mencionando a importância do "campo afetivo" em que a doença nasce. Tanto na doença como no sofrimento, o amor revela-se o melhor fator de cura, de tal forma que, nas mesmas condições, é o plano afetivo que faz toda a diferença.

5. OS RECURSOS DA ALMA PARA A CURA

*Não somos seres humanos
vivendo uma experiência espiritual,
somos seres espirituais
vivendo uma experiência humana.*
Teilhard de Chardin

Muita gente ignora os recursos da alma para o processo de cura.

Muitas vezes a doença representa o meio escolhido pela alma para atrair nossa atenção para a necessidade espiritual de mudar e a importância da vida espiritual.

Antes de prosseguir, parece-nos necessário precisar o sentido de duas palavras importantes que utilizamos com frequência: *espiritualidade* e *alma*.

Quando falamos da dimensão espiritual e da alma, não nos referimos absolutamente ao domínio mágico, esotérico ou cósmico. Essa dimensão nada tem em comum com a vidência, a parapsicologia, a canalização (que consiste em estabelecer um contato com objetos ou seres do mundo invisível), o magnetismo, a viagem astral, as energias cósmicas, a meditação transcendental, os extraterrestres etc. A espiritualidade e a alma tampouco têm a ver com os estados psíquicos e atividades da consciência e da mente frequentemente apresentados como experiências espirituais, quando não o são. Não se trata da alma cósmica ou psíquica, mas da alma habitada pelo divino (Carl Jung).

A espiritualidade e a alma de que tratamos aqui se referem ao domínio do sagrado, da transcendência e do divino, isto é, da experiência de Deus tal como a entendem as religiões monoteístas. A espiritualidade e a alma são, portanto, vislumbradas dentro da perspectiva do que comumente é designado como fé.

Diga-se que a fé pode existir sem a prática religiosa. Somos, no entanto, da opinião de que o melhor modo de viver a fé é fazê-lo no âmbito de uma religião reconhecida. É preciso, porém, saber que Deus é o mesmo para todos e que ele é anterior a qualquer religião. A salvação é universal e diz respeito a todos os seres humanos. Disso resulta que qualquer pessoa pode optar por ter uma relação pessoal com Deus e, por certo, Deus não rejeitará um coração sincero que se volte para ele na intimidade de sua consciência, pois Deus é amor.

Isso nos permite apresentar a seguinte hipótese: quanto mais vital, intenso e insolúvel for o problema, maior a probabilidade de que essa situação seja seguida de uma experiência espiritual.

Em geral, quando a vida nos exige mais força, mais conhecimentos, uma capacidade maior do que aquela que temos, voltamo-nos espontaneamente para outros recursos que não os puramente materiais.

Podemos nos surpreender com a "qualidade de vida" que a dimensão espiritual pode proporcionar. Além de gerar energia vital, ela possui propriedades curativas excepcionais; tem a capacidade incomparável de dissipar o medo, a ansiedade, a angústia, e também de criar um "campo" favorável à cura.

A alma: um "campo" favorável à cura

Quanta gente se sente mal consigo mesma! Em todos os casos, a mesma pergunta surge: O que me falta? Qual é a peça que falta para que minha vida se complete? Para muitos, essa peça que falta chama-se dimensão espiritual. Infelizmente, a dimensão espiritual nem sempre é considerada em terapia. Por quê?

As ciências costumam definir o ser humano unicamente por sua individualidade *biopsíquica*. Às vezes, acrescenta-se a dimensão social da pessoa, que é então apresentada em sua realidade biopsicossocial. A limitação à biologia faz do humano um ser unidimensional. A biologia não alcança a alma. Para essa ciência, a alma seria formada por células mais refinadas que as outras, uma parte do corpo simplesmente composta de uma matéria mais nobre. Para as ciências, a parte espiritual do ser não existe.

No entanto, grandes nomes da psicologia moderna, como Carl Jung, reivindicaram o caráter divino e sagrado da pessoa. O homem é marcado pelo divino (*arquétipo divino*). A antropologia espiritual, por sua vez, fala do ser tridimensional (ou tripartite): *corpo-espírito-alma*. Há entre essas três entidades uma espécie de osmose, uma ligação orgânica e vital. A pessoa, como um todo, funda-se sobre essa estrutura, formando um tripé.

Para melhor compreensão, vamos recorrer a um exemplo. Quando se tem um objeto de três pés e retira-se um desses pés, o objeto cai inevitavelmente. A mesma coisa acontece com o ser humano. Caso seja negligenciada uma dessas três dimensões, produz-se um desequilíbrio que pode ser denominado "ruptura", "carência", "vazio existencial" etc.

Ora, a doença e o sofrimento são com frequência aquilo que nos leva a encontrar na vida essa dimensão que falta. Uma vez encontrada e integrada, essa dimensão representa um importante fator de cura.

As doenças da alma

Sem a parte espiritual do ser, sem a alma, também funcionamos, mas como uma pessoa deficiente. Fazemos tudo o que os outros fazem, mas com menos sentido, sem profundidade, sem equilíbrio, sem harmonia.

A realidade é que existe em nós um ser espiritual – que podemos denominar alma – que aspira a viver, a crer, a crescer. Infelizmente não damos muita importância a esse ser. Isso é o que faz o sociólogo Jacques Grand'Maison afirmar que "somos gigantes no plano material, mas anões no plano espiritual".

O que aconteceria se um dia decidíssemos não mais alimentar o corpo? Ou dizer: "Não tenho mais tempo a perder com refeições, tenho coisas mais importantes a fazer"? Nosso sistema não tardaria a desmoronar.

A mesma coisa vale para nosso ser espiritual; ele pode viver algum tempo sem se alimentar, mas, sem o alimento, ele um dia acabaria sofrendo de anorexia, de anemia, e a nossa parte física e a psíquica acabariam sendo prejudicadas.[1]

Acaba acontecendo aquilo que denominamos "doenças da alma", cujos sintomas mais conhecidos são a *crise existencial* que ocasionalmente leva até à "neurose" (a vida que não nos diz mais nada), ao "vazio existencial", ao colapso, à depressão, ao suicídio. A medicina e a psicologia deveriam também reconhecer as doenças da alma e, com isso, a capacidade espiritual de favorecer a cura.

Mencionamos a depressão, um verdadeiro mal do século, considerando-se as estatísticas atuais. A depressão é a doença da tristeza, da melancolia, do "vazio da alma". Ela nos diz de modo categórico que a vida não pode ser sempre feliz. Ao mesmo tempo, porém, ela nos ensina.

A psicologia afirma que a depressão é uma proteção "inventada" pelo inconsciente em benefício do organismo como um todo. É um mecanismo de defesa ao qual o subconsciente recorre quando a agressão, a hostilidade por parte do sistema torna-se demasiado forte. Por mais paradoxal que possa parecer, deveríamos até certo ponto agradecer a isso, pois trata-se de um dinamismo poderoso.

---

[1] Como é possível alimentar o ser espiritual? Principalmente pela prece, a meditação, a leitura espiritual, a Palavra de Deus, a prática da presença divina, o comparecimento aos ofícios religiosos, o engajamento. Na verdade, o ser espiritual se alimenta da fé e de todas as atividades que a desenvolvem e mantêm.

Acima de tudo, porém, ela abre um espaço interno no qual se instala o "vazio existencial", de que falamos há pouco. É surpreendente que esse "vazio existencial" surja como um lugar propício à eclosão da alma. Escreveu Thomas Moore: "Paradoxalmente, o poder da alma pode vir do fracasso, da depressão e da perda. De modo geral, a alma surge nas lacunas, nos espaços vazios da experiência".[2]

A depressão define-se, do ponto de vista médico, como "um distúrbio neuroquímico que pode provocar um acontecimento externo". A depressão, como doença mental, não é uma questão de fraqueza humana, como às vezes se pensa, mas uma questão de química. Na maioria dos casos, porém, há em sua base um acontecimento desencadeador e esse acontecimento, muitas vezes, tem a ver com a perda do sentido da vida.

Ora, a espiritualidade tem a singular capacidade de dar sentido àquilo que aparentemente não tem: a dor, o sofrimento, a doença, a morte, o além. É também capaz de preencher o "vazio existencial".

Vamos encontrar em Jung uma palavra surpreendente: "Para sua realização, o ser humano não precisa de perfeição, mas de plenitude". Isso significa que a pessoa está bem menos à vontade quando sente um "vazio interior" do que quando se sente imperfeita. Como a natureza tem horror ao vazio e, sendo ela essencialmente desejo de plenitude, há quem

---

[2] Thomas Moore. *Le soin de l'âme*, Paris, J'ai lu, 1994, p.141. Ver também o capítulo 7, intitulado "Les cadeaux de la dépression" (Os presentes da depressão).

preencha esse vazio ou tente mascará-lo com álcool, drogas, jogo, trabalho etc.

O "vazio existencial" não é conhecido apenas pelas pessoas que não veem sentido na vida. Paradoxalmente, verifica-se que pessoas equilibradas e bem-sucedidas também conhecem a provação do "vazio interior". Depois da perda de um emprego, da morte de uma pessoa querida, de um acidente, de desastres naturais etc., costumam tomar consciência de que aquilo que até então para elas dava sentido à vida deixou de existir. Elas associavam o sentido da vida a uma sucessão de acontecimentos favoráveis e, de repente, a cadeia horizontal de equilíbrio desses elementos se rompeu. É importante também tomar consciência da fragilidade do sentido da vida. Uma vez adquirido, o sentido da vida nunca é definitivo. Nunca está completo. É sempre algo a ser construído.[3]

Surpreendentemente, é possível sentir o "vazio existencial" até mesmo quando se desfruta de perfeita felicidade. A prosperidade parece não trazer todas as respostas à busca do sentido da existência. O testemunho a seguir, de uma mulher de cerca de quarenta anos, poderia perfeitamente ser o de muitas pessoas.

---

[3] É preciso compreender que as situações de perda de sentido não são todas necessariamente catastróficas. Não é a mesma coisa negar que a vida tenha sentido e viver momentos em que o sentido parece menos evidente. Se as situações de perda de sentido vêm acompanhadas do desejo de obter respostas, podem ser consideradas saudáveis. Às vezes, a perda do sentido na vida torna-se uma etapa indispensável para que uma mudança aconteça.

> Tenho da vida aquilo que quero. Eu me sinto amada por aquilo que sou, tenho um bom marido, um trabalho de que gosto, filhos que adoro e, no entanto, estou sempre insatisfeita. Atualmente esse mal-estar ocupa tanto espaço que não mais consigo dormir à noite. Não estou doente, e meu médico confirma isso. O que me falta para ser feliz?

O que lhe falta para ser feliz? Falta-lhe a dimensão espiritual do ser. Quando se deixa de fazer uma refeição, a reação do corpo logo vem; para a alma, no entanto, a reação demora mais: um ano, dois, às vezes vinte, mas em determinado momento a crise aparece. O ser espiritual adormecido em nós é paciente. Um dia, porém, ele se revolta e grita.

Há, portanto, tipos de câncer que são da alma. É nessa perspectiva que é preciso compreender que para que a cura aconteça muitas vezes é necessário reencontrar a alma. Outrora, estávamos ocupados com a salvação da alma, sabíamos que tínhamos uma. Hoje, muitos ignoram que a temos, o que faz com que precisem, primeiro, encontrá-la.

6. O PODER CURATIVO
DA ESPIRITUALIDADE

*Uma medicina sem espiritualidade
é uma medicina sem alma.*
Joseph Ayoub, oncologista

A espiritualidade pode ajudar na cura?

Cada vez mais, a medicina se questiona acerca da espiritualidade. Alguns médicos começam a se interrogar quanto ao modo de integrar a espiritualidade à sua prática.

Num programa de televisão, um neurologista afirmou que a primeira pergunta que ele fazia a seus pacientes era: "Você tem fé?" ou "Você é praticante de alguma religião?". Não ia além disso em sua indagação. Explicou que uma pessoa que tem fé reagia melhor aos tratamentos. O paciente que crê tem sensibilidade para escutar sua alma, para perceber o sentido da cura e da saúde.

Uma das constatações mais interessantes em antropologia espiritual diz justamente respeito à relação entre fé e saúde.

A fé e a saúde

A fé exerce uma influência real sobre a saúde.

Muitos doentes já desenganados acabaram encontrando a cura sem que sua causa fosse compreendida. Na base de tudo há com frequência uma questão de fé.

De modo geral, admite-se que os doentes que têm fé curam-se mais depressa do que os descrentes. Esse é, aliás, o fenômeno observado em mais de duzentos estudos conduzidos sobre essa questão nos Estados Unidos. Especialistas laicos e eclesiásticos chegaram à conclusão de que "a fé religiosa teve certa influência sobre a fisiologia do corpo e a saúde". Esses resultados foram apresentados em Roma, durante um congresso dedicado à medicina e à espiritualidade.[1]

Alguns estudos demonstram que a pressão arterial é menos alta entre os indivíduos na faixa dos sessenta anos que creem do que entre os ateus e agnósticos,[2] sendo, portanto, menores, entre os primeiros, os riscos de acidente cardiovascular. As pessoas de fé e oração geralmente superam seus problemas de saúde mais depressa que as outras.

---

[1] Cf. artigo de *La Presse*, de 25 de agosto de 1998.
[2] Cf. Jornal *La Presse*, Montreal, 25 de agosto de 1998, p. A11.

O boletim *Health After 50*, da Universidade Johns Hopkins, nos Estados Unidos, divulgou uma pesquisa cujos resultados demonstram haver, entre as pessoas praticantes de uma religião, menor incidência de casos de depressão, suicídio, toxicomania e também de distúrbios cardíacos.

A fé e a espiritualidade são igualmente citadas como fatores de longevidade entre pessoas centenárias. Numa pesquisa realizada nos Estados Unidos pela instituição Evercare, 23% dos centenários interrogados atribuíam sua longa vida à espiritualidade, sendo que apenas 3% consideravam que essa longevidade era devida aos genes e aos cuidados médicos. "A espiritualidade surge como um elemento de grande importância para um bom envelhecimento", afirmou a diretora da Evercare, Sherri Snelling, responsável pelo estudo.[3]

De onde vem a eficácia da fé e da espiritualidade?

O sofrimento faz o coração se abrir para Deus

Uma das vantagens do sofrimento é a de fazer o coração se abrir para Deus.

Certamente não é necessário sofrer para encontrar Deus, mas, na prática, como afirmam os mestres da espiritualidade, muitas vezes é preciso sofrer uma "pane" para que a pessoa

---

[3] Cf. *Le Journal de Québec*, 18 de abril de 2007.

se abra para a realidade divina. Os autores antigos falam de modo mais positivo da "via real" do sofrimento.

> Dizem que compositor Beethoven, já surdo e tendo caído em forte depressão, dirigiu-se a Deus, dizendo: "Por que, meu Deus, me tornei surdo? Aquilo que me destes era para ser retirado no momento em que eu poderia dar o melhor de mim? Teria eu me tornado tão incômodo para ti? Compreendo a razão pela qual és um Deus ciumento".
>
> Então ele ouviu uma voz lhe dizer: "Tu te tornaste surdo para ouvir outra música, a música do céu e dos anjos".
>
> Foi então que ele compôs uma verdadeira música celestial: a Nona Sinfonia, que contém a célebre "Ode à Alegria". Ora, essa ode tornou-se a música mais regravada de todos os tempos. E também a música mais ouvida e executada em todas as culturas, como no Japão, na Índia, no Egito, na África etc.

De fato, a "Ode à Alegria" não é da terra. É uma música divina. No fim, encontramos a seguinte bela frase dirigida a Deus: "Nosso coração se abre diante de ti como uma flor ao sol".

Qual a lição que se tira disso?

Em vez de perguntar "Por que eu?", "Por que fiquei doente?", "Por que me tornei deficiente?", "Por que tenho câncer?", as verdadeiras perguntas deveriam ser: "Qual é o sentido do meu sofrimento?", "O que Deus quer me ensinar por meio desse acontecimento?".

Se o nome de Deus não significa grande coisa para você, comece a explorar as profundezas de sua vida. Procure a fonte do seu ser. Pergunte a você mesmo qual é seu interesse supremo na vida.

A questão relativa a Deus pode parecer no início uma simples informação numa placa indicando uma direção a seguir. Significa: Atenção! Há alguma coisa aí capaz de estimular o peregrino que há em você. Mas essa informação também pode adquirir um sentido diferente: a direção a seguir depois de a pessoa ter se perdido ao fim de uma aventura dramática em meio a uma situação desesperadora. Alguma coisa que diz: "Esse é o caminho que leva à salvação".

Pouco importa o que aconteceu em sua vida. Deus o(a) espera de modo incondicional. Deus o(a) espera na doença, na provação, pois ele quer ajudá-lo(a), e até mesmo curá-lo(a). Não há nada de surpreendente aí, isso faz parte de seu projeto de salvação.

O teólogo e psicanalista Eugen Drewermann escreveu a esse respeito:

> A filiação divina de Jesus se mostra através do modo pelo qual hoje curamos o homem de sua angústia, revelando-lhe o amor. É essa missão de cura que Jesus confiou a seus discípulos; não a de defender seu dogma.[4]

---

[4] Eugen Drewermann. *La parole qui guérit*, Paris, Éditions du Cerf, 1991 [1997], p. 14.

Essa é a função da agapeterapia, que se fundamenta essencialmente no amor divino.

Muitos são os que se transformam por meio do amor de Deus. O amor divino permite curar as feridas, atenuar as dores e os sofrimentos, encontrar a paz interior. A isso vem se somar o descanso tão precioso neste mundo agitado de hoje.

Com Deus, a insegurança existencial não conduz a uma ansiedade, mas à confiança numa Providência que cuida de nós. No Sermão da Montanha, Jesus dá um conselho:

• •

"Não se preocupe com o amanhã, que o amanhã cuidará de si mesmo. Basta a cada dia o seu mal" (Mateus 6,34).

• •

Essa passagem é precedida por outra recomendação:

• •

"Observem as aves do céu, que não semeiam nem colhem, nem armazenam em celeiros, e o Pai Celestial as alimenta" (Mateus 6,26).

• •

Deus atende a nossas necessidades.

Por todo o Evangelho há o testemunho de que com Deus:
- vale a pena viver;
- o suicídio não é uma solução;
- é possível sair de uma depressão;
- é possível curar-se de uma dor de amor;
- é possível assumir plenamente a doença...

Em suma, é possível reerguer-se depois das perdas que a vida traz. Com Deus, deixamos de ser vítimas das circunstâncias e obtemos força e coragem para assumir nosso destino até o fim.

A fé é crer:
- que com Deus a vida não caminha para o caos;
- que nossas lágrimas são levadas em conta;
- que Deus é Pai;
- que com Deus tudo é possível.

Uma das lições a reter da passagem de Jesus pela terra é a de que ele prometeu estar conosco quando estivéssemos doentes, sofrendo, angustiados, ansiosos, desesperados, em apuros, mal com nós mesmos. Ele disse claramente:

• •

"Não vim para os justos, mas os doentes, os enfermos, os pecadores" (Mateus 9,13).

• •

É possível recorrer à força curativa divina

Se abrirmos nossa consciência à energia divina, à energia que vem da presença de Deus em nós, descobriremos uma fonte prodigiosa de cura.

Como apelar para a força curativa de Deus?

> A vida divina
> flui em meu corpo
> como um elemento que cura
> e realiza uma perfeição radiante.[5]

A vida divina é infinita, é um dom especial que Deus nos dá.[5]

Quando estamos verdadeiramente conscientes da vida de Deus fluindo em nosso corpo, como um elemento que cura, descobrimos que células, órgãos, funções, retornam à perfeição e são mantidos em perfeita ordem.

A vida divina é sem limites, é a herança de cada um. Quando rezamos à distância por uma pessoa querida, tenhamos em mente que a distância não diminui a força da prece. A vida divina flui nessas pessoas queridas, que a sentem em si mesmas como uma renovação.

Hoje pode ser o dia da cura, se rogarmos a Deus e lhe rendermos graças por sua presença em nós.

Para chamar essa força curativa, podemos rezar mentalizando a parte do corpo que estiver doente.

• •
Deus criador, restabeleça a vida em meu coração, em meus pulmões, em meu fígado, em meu pâncreas, em meu estômago, em meu DNA, em meus pensamentos, em meus sentimentos, em meu desejo de viver etc.
• •

---

[5] Extraído de *La Parole quotidienne*.

Ao dizer a prece, visualize com intensidade a parte do corpo que está doente e imagine que, gradualmente, Deus ali restabelece a vida.

Rogar a Deus que faça a vida fluir em nosso corpo é uma prática muito salutar durante a doença e o sofrimento. Essa atitude se apoia na teologia da criação, que afirma que Deus, sendo nosso Criador – portanto, aquele que nos deu a vida –, pode regenerar nosso corpo, nosso espírito, nosso coração e nossa alma. Ele pode restabelecer os fluxos vitais em nós, pois foi ele quem nos criou.

Deus provavelmente não fará nenhum milagre aleatório; ele se servirá de nós e da natureza para nos curar. Ele pedirá que participemos, de algum modo, de nossa cura. Deus atua, com mais frequência, por meio das leis, energias e princípios que criou. Assim, em vez de rezar pedindo a Deus um milagre, peçamos, antes, que oriente o médico no diagnóstico, que guie a mão do cirurgião durante a operação, que faça com que seja eficaz o tratamento prescrito. Essa atitude mostrará a Deus que aceitamos nossa condição de humanos frágeis e limitados.

Isso vale para todas as situações da vida. Quando rezamos para parar de fumar, para a cura do alcoolismo, para resolver um problema de família, não é o caso de esperar necessariamente um milagre, mas de que a prece nos ajude a tomar as decisões certas e nos dê forças para enfrentar com coragem as dificuldades. Será difícil, às vezes, mas sabemos que não estamos sós, que Deus está conosco e que ele nos promete a vida.

Ao longo da História Sagrada, Deus nunca deixou de manter essa esperança de renovação criadora, a fim de que os humanos não se desesperem, que reencontrem a vida. No Deuteronômio, Deus se dirige a seu povo nos seguintes termos:

• •

"Eu te proponho a vida ou a morte... Escolha a vida, para que tu e tua posteridade possam viver" (Deuteronômio 30,19).

• •

Essa escolha não depende unicamente de informações de que os médicos possam dispor; é também uma questão espiritual.

É preciso sempre lembrar que, melhor que nós, Deus sabe do que precisamos, embora nem sempre compreendamos o que nos acontece. Não estamos na Terra por acaso. Ao nos colocar na existência, Deus sabia o que estava fazendo. Atrás de cada acontecimento da vida – acidente, doença, sucesso – ele traça nosso caminho.

A fé pede que creiamos com firmeza que Deus, em qualquer situação negativa, pois ele é capaz de extrair do mal o bem, porque o plano dele leva em conta o erro humano. Temos uma margem de liberdade pessoal, e é por isso que às vezes podemos fazer escolhas mais ou menos discutíveis. Nossa liberdade, porém, faz parte do desígnio de Deus em relação a nós. Com ele, tudo se torna graça. Podemos então sempre dizer a Deus: "Senhor, eu creio que tu me amas e que tu sabes o que é bom para mim".

A esperança cristã assim permite que, nas situações angustiantes, desesperadoras, no sofrimento e na doença, surja outra paz, uma paz que não depende necessariamente de comprimidos.

7. O SENTIDO CRISTÃO DO SOFRIMENTO

A redenção cristã liberta da angústia.
Sua visão de Deus é a do pai amoroso do Evangelho,
de um pai em que se pode confiar inteiramente.
Eugen Drewermann

A provação, o sofrimento e a doença são elementos-chave no que diz respeito à fé.

Muitos perdem a fé e muitos a recuperam por causa de um sofrimento, principalmente quando a morte se delineia no horizonte. Afirmava Platão: "Pode-se dizer que, entre aqueles que na juventude não acreditavam na existência de Deus, ninguém se manteve nessa crença até a velhice".

Já vimos que no âmago de todo sofrimento repousa a questão do porquê. Essa pergunta o ser humano a faz também a Deus no tocante à criação do mundo. Infelizmente, diante dela a imagem de Deus muitas vezes sai combalida.

No entanto, a esperança e a fé cristãs, através de nosso sofrimento e desespero, nos abrem horizontes inesperados de sentido. Esses horizontes refletem o fato de que todo sofrimento, toda dor, toda enfermidade carregam em si a promessa da assistência divina.

O sofrimento é presença de Deus

É difícil crer na proximidade de Deus quando a provação ocupa o espaço todo.

Deus, porém, está verdadeiramente presente em nossos sofrimentos. Ele não age como um Deus distante e indiferente, que se limita a nos encorajar de longe. Pode estar perto de nós à medida que escolhermos estar perto dele. Deus, em sua natureza divina, não sofre, mas em sua natureza humana, em Jesus, sofre conosco. Jesus sofreu na terra e participa de nossos sofrimentos.

> "Deus não veio para suprimir o sofrimento. Não veio nem sequer para explicá-lo. Ele veio para preenchê-lo com sua presença". (Paul Claudel)

Para nos beneficiarmos de sua presença é preciso, no entanto, consenti-la, pois Deus respeita nossa liberdade. Ele nunca invade a vida de ninguém. Como fazer para permitir que Deus nos beneficie com sua obra de salvação e cura? Simplesmente dizendo a ele com sinceridade: "Senhor, creio em ti; quero que entres em minha vida e realizes tua obra de salvação e cura".

Ou então podemos dizer a bela prece inspirada naquela do centurião do Evangelho, retomada pela liturgia cristã:

"Senhor, eu não sou digno de que entreis em minha morada, mas dizei uma palavra e serei salvo".

Alguém em nosso caminho,
alguém misteriosa
mas verdadeiramente presente
bem no momento
em que nos sentimos sós...
Presença secreta de um Deus
que quis caminhar conosco,
em nossos caminhos humanos,
um Deus que quis
se tornar próximo
de nossos infortúnios,
de nossas fraquezas,
de nossos desesperos!
Emmanuel: Deus conosco![1]

O mais belo título dado a Deus na Bíblia é Emmanuel: Deus conosco.

• •

"Aproximai-vos de Deus e ele se aproximará de vós" (Tiago 4,8).

• •

---

[1] Quelqu'un sur notre route,/quelqu'un de mystérieusement/mais bien réellement présent/au moment même/où nous nous croyons seuls.../Présence secrète d'un Dieu/qui a voulu marcher avec nous,/sur nos routes humaines,/un Dieu qui a voulu/se rendre proche/de nos misères,de nos faiblesses,/de nos désespoirs!/Emmanuel: Dieu avec nous!
Jean-François Catalan, *Feu et Lumière*, n. 184, maio 2000, p. 50.

A presença de Deus em nossos sofrimentos nos convida a nos entregar a ele, a confiar nele. Ter fé é isso. É crer que Deus está conosco e que ele é a Vida que cura.

O sofrimento e a doença muitas vezes nos ultrapassam. Vemo-nos impotentes diante deles. Deus então se oferece para nos ajudar, e sua presença muda todo o sentido da provação. "Quando não compreendo", escreveu Carlo Carretto, "quando sofro, quando choro, quando a experiência de meus limites faz com que me choque contra a parede da minha incapacidade, quando minha pobreza me faz compreender o que significa ser um homem, é quando devo dar o salto para a esperança no Deus do impossível".[2]

O Deus do impossível manifesta constantemente sua presença na Bíblia. O que é a História Sagrada senão a do Deus do impossível, que com frequência intervém por seu povo quando todos os meios humanos já estão esgotados? Poderíamos citar aqui muitos exemplos.

Quando vivemos uma situação desesperadora, quando atingimos o fundo do poço e achamos que nada mais pode mudar, é o momento em que Deus pode revelar sua força.

• •
"Para os homens isso é impossível, mas para Deus tudo é possível" (Mateus 19,26).
• •

Na provação e na dificuldade, é bom se lembrar dessas palavras.

---
[2] Carlo Carretto. Op. cit., p. 61.

O valor do sofrimento para a redenção

Para os autores ligados à espiritualidade, o sofrimento pode ser um instrumento extraordinário de purificação e transformação.

Não se trata de punição, mas de um chamado para o despertar. O sofrimento nos obriga a sair da passividade espiritual. Também pode ser o momento de uma evolução espiritual intensa e profunda. Ao nos obrigar a ir fundo nas coisas e em nós mesmos, ele nos faz descobrir outros valores além daqueles puramente materialistas.

É assim que o sofrimento abre caminho para a mensagem cristã, que nos assegura que, para aquele que crê, o sofrimento adquire um *sentido* e um *valor* inestimáveis.

Nessa perspectiva, apresentamos o que poderíamos chamar de postulados cristãos do sofrimento.

1. Cristo não suprime o sofrimento e a morte. Muda-lhes o sentido. Ele transforma um meio de destruição em meio para a vida.
2. O cristão sofre tanto quanto os outros, mas está em contato com uma fonte interior.
3. O cristão, ainda que consciente da dor e da tragédia da existência, não se desespera; ele sabe que o sofrimento é portador de esperança.
4. Nenhum sofrimento é inútil. Todo sofrimento tem um valor de redenção e salvação, seja ele responsável por isso ou não.

É o que se chama *dinâmica redentora do sofrimento*. Todo sofrimento purifica a alma e contribui para colocar a pessoa em contato com as realidades humanas e espirituais.

• •

É preciso esperar o grande dia em que Deus "enxugará as lágrimas de nossos olhos, em que a morte já não existirá, em que não haverá mais luto, nem choro, nem dor, pois tudo isso terá desaparecido" (Apocalipse 21,4).

• •

Desse ponto de vista, o sofrimento tem a faculdade de abrir o coração tanto para Deus quanto para a vida. Escreveu Julien Green: "É preciso que o coração humano se quebre para que Deus entre nele". É mais fácil encontrar Deus nos momentos de sofrimento. Deus aproveita o sofrimento para falar conosco. Também é bom nos voltarmos para Deus e não temer lhe falar de nossas dores, amarguras, aflições, angústias; falemos de nossas emoções, daquilo que sentimos. O simples fato de admitir nosso desespero já é um autêntico ato de fé. É o primeiro passo para a cura.

Talvez possamos concluir com um convite aos cuidadores para que tomem consciência de que, quando alguém procura seus cuidados, não devem perder de vista que pode ser uma abertura à espiritualidade desejada por essa pessoa no mais profundo do seu ser. O que ela tenta então dizer, através da linguagem da doença e do sofrimento, talvez seja: "Mostre-me o caminho que leva a Deus".

8. DEUS É RESPONSÁVEL PELO SOFRIMENTO?

*O sofrimento, a doença
não são enviados por Deus;
são efeitos da finitude humana.*
Paul Tillich

Esta é uma pergunta em que tropeçam muitas pessoas de fé, assim como muitas outras que não têm fé alguma.

Como pode um Deus bom permitir que o mundo sucumba sob o mal? Como explicar a onipresença do mal num mundo criado por um Deus onipotente e infinitamente bom? Isso é o denominado "problema do mal".

É a questão que Voltaire colocava no século XVIII em *Cândido*: Deus é considerado bom, mas o mundo oferece a cada dia espetáculos de infortúnio.

O postulado de Voltaire era o seguinte: *infinitamente bom, Deus não podia querer o mal. Infinitamente sábio, não pôde ignorar que o homem, por ele dotado de livre-arbítrio, iria necessariamente pecar. Infinitamente poderoso, ele simplesmente poderia ter feito tudo de outro modo.* Em todas as épocas tentou-se resolver essa contradição.

Deus não quer o mal

Em primeiro lugar, vamos enfatizar que Deus não quer o mal. Não é ele que nos envia a doença e o sofrimento. Isso elimina a responsabilidade de Deus quanto aos acontecimentos infelizes, que só podem vir de nós, isto é, do mau uso de nossa liberdade, assim como a ciência da matemática não pode ser responsável por nossos erros de cálculo, nem uma composição musical pelas notas erradas que entrem na interpretação.

O ser humano, já dissemos, é marcado pela finitude, portanto, sujeito ao erro e ao desvio nos planos físico, psíquico e moral. Isso significa que nosso organismo pode se desarranjar, sem que sejamos necessariamente responsáveis por isso. Daí o fato de que o sofrimento e a doença não são enviados por Deus; eles resultam da finitude humana.

Uma coisa é certa, porém: Deus pode curar qualquer doença, mas não livra ninguém da morte ontológica, isto é, aquela que assinala o fim de nossa existência terrena, pois fomos criados mortais. Isso significa que haverá alguma doença, algum acidente ou mesmo a velhice, que nos levará desta vida, pois será preciso morrer de alguma coisa.

Diante da morte, porém, Deus não nos deixa desprovidos. Na perspectiva da esperança cristã, a morte é vislumbrada não como o fim de tudo, mas como uma "passagem" para a vida. A Revelação é clara nesse ponto: somos destinados à imortalidade e a uma felicidade indescritível

Aqueles que não creem no mistério da imortalidade são como a lagarta que se recusa a sair de seu casulo para se transformar em borboleta. Morreriam lagartas sem nunca conhecer as alegrias e as maravilhas do verão. O que há, aliás, de mais belo do que ver uma borboleta esvoaçando no ar inundado de luz, odores e cores?

• •

São Paulo afirma: "Sim, tenho para mim que os sofrimentos do presente não se comparam com a glória que deve se revelar para nós" (Romanos 8,18).

• •

Quando tece seu casulo, a lagarta ignora totalmente o que será mais tarde. No entanto, nada a faz parar de tecer o envoltório dentro do qual ela passará do estado de crisálida para o de borboleta. Pois bem, somos como a lagarta a tecer seu casulo. A verdadeira vida está além do universo do casulo.

Num anúncio fúnebre, escreveram depois da data de nascimento do falecido: "nasceu para morrer"; e depois da data de passamento: "morreu para viver". As duas frases refletem perfeitamente a visão cristã da vida e da morte: a morte está ligada à *esperança de uma vida indestrutível.* "Quando se morre, é para a vida toda", gracejava um humorista.

Vista dessa perspectiva, a morte aparece como a última etapa rumo à plena saúde, à plena harmonia, à plenitude da vida em todos os seus aspectos. Através da morte, seremos definitivamente curados de todos os nossos males. Não sofreremos mais.

No entanto, para encontrar a esperança, às vezes é preciso passar pelo sofrimento, talvez até mesmo pelo desespero. É preciso ir ao profundo da noite para encontrar o alvorecer.

Por que Deus não intervém no infortúnio?

Há outra questão relativa a Deus e ao mal. Trata-se de uma pergunta muitas vezes colocada por ocasião de acontecimentos infelizes nesta vida. Muitos se perguntaram, por exemplo, onde estava Deus durante o atentado ao World Trade Center nos Estados Unidos, em setembro de 2001. Houve quem concluísse que Deus não existe, *porque ele nada faz: não impede o mal, o sofrimento*.

Quanto a essa questão, podemos evocar a observação de William Styron em *A escolha de Sofia*. Diante das atrocidades do Holocausto, surgiu a pergunta: "Em Auschwitz, onde estava Deus?". E a resposta: "Onde estava o homem?".

Não é Deus que erra, é o homem. Deus nos criou livres, ele respeita nossa liberdade. Se não lhe pedirmos que intervenha em nossa vida, ele não intervirá. Tudo muda, porém, a partir do momento em que pedimos sua ajuda. Todos aqueles que experimentaram a presença de Deus em sua vida constataram que, "com Deus, tudo funciona". Mas para isso é preciso "entregar-se", é preciso deixar que Deus nos guie.

A plenitude da vida está em Deus. Quando temos Deus, temos tudo, porque a vida eterna compreende saúde, harmonia, integridade, vitalidade, juventude e abundância. Não é possível encontrar-se na presença de Deus e sentir falta em nossa própria experiência de tudo aquilo que faz parte de uma natureza harmoniosa.

Como seria possível ter Deus e não ter vida, não tê-la em abundância? Se temos fé, podemos desde agora experimentar o poder criador de Deus em nossa vida.

• •

"Vim para que tenham vida, e para que a tenham em abundância" (João 10,10).

• •

Muitos hesitam em entregar sua vida a Deus. Têm medo de que Deus lhes prive de alguma coisa ou lhes tire a liberdade. Ao contrário, quando entregamos a vida a Deus, ele não tira nada, mas nos dá tudo e permite que sejamos perfeitamente livres. Deus não vem a nós como um tirano, mas como salvador. Ele entra em nossa vida nos libertando. Com Deus, temos o melhor seguro de vida possível.

• •

Você quer ter uma vida bem-sucedida? Recite cada manhã a seguinte prece: "Senhor, a ti entrego minha vida, a ti entrego meu dia. Conduza-me, proteja-me, ilumine-me". Tente fazer isso e veja o resultado.

• •

9. A PRECE DE CURA

*Se chega ao coração de Deus,
a prece é sempre eficaz, sempre atendida,
ainda que a realização não corresponda exatamente
ao que você gostaria ou esperava.*
Daniel-Ange

Talvez você não compreenda a relação existente entre rezar ou pensar em Deus e a possibilidade de ser feliz, ser bem-sucedido na vida ou ter boa saúde.

Existe, porém, um número impressionante de pesquisas e argumentos científicos quanto ao valor curativo da prece. Essas pesquisas demonstram que a prece acalma a angústia, diminui a tensão arterial, estimula o sistema imunológico, diminui a ansiedade, traz esperança, devolve a confiança. Em suma, é um remédio poderoso.

A esse respeito, eis o testemunho eloquente de Johanne Ledoux, que sobreviveu a um câncer:[1]

---

[1] Johanne Ledoux. *Guérir sans guerre*, Flammarion Québec, 2000, p. 100-101. Recomendamos firmemente a leitura deste livro, um dos melhores sobre o assunto.

> A notícia de que estamos com câncer nos deixa assustados, arrasados, com sensação de desamparo. A quem recorrer para encontrar conforto? Muitas vezes as pessoas próximas ficam mais aflitas que nós.
>
> Havia muito tempo que eu me afastara do "ópio do povo", para provar a mim mesma, pobre criança, que "eu era capaz". Diante dessa ameaça de morte, sentindo o metal frio da arma em minha nuca, tive que reconhecer que eu não conseguiria enfrentar sozinha a situação; assim, reencontrei a prece. [...] Não tenho receio de me tornar dependente. A prece não me torna submissa e resignada, ela me permite recorrer a minhas reservas de coragem.
>
> Vários estudos comprovam: a fé pode curar as doenças mais graves, até mesmo as "incuráveis". O potencial terapêutico da prece é tão grande que muitos médicos americanos passaram a levar o fenômeno a sério.

Uma das grandes leis da espiritualidade assim se formula: Deus é capaz de extrair o bem do mal.

• •

"Irmãos, sabemos que tudo contribui para o bem daqueles que amam a Deus, daqueles que são chamados segundo o seu propósito" (Romanos 8,28).

• •

Santo Agostinho, comentando essa passagem, acrescenta: "Tudo, até mesmo nossas faltas", isto é, nossos erros, deficiências, desvios. Por meio da prece perseverante, os sofrimentos, as doenças, os fracassos podem se transformar em acontecimentos felizes da existência.

É dentro desse espírito que proponho as preces que se seguem. Não posso afirmar, mas talvez tenham algo de milagroso. Distribuí milhares delas em minhas conferências, e os testemunhos positivos quanto a essas preces são incontáveis.

Prece para quando se está em dificuldade

A primeira prece que proponho invoca o Espírito Santo, que é a força de Deus em ação. Nessa prece, pedimos primeiro a *luz*. Quantas vezes na vida precisamos de luz para iluminar nosso caminho, compreender uma situação, fazer escolhas pertinentes, encontrar uma solução para nossos problemas!

Precisamos também de *força* para conduzir os duros combates da vida, para enfrentar acontecimentos que, às vezes, ultrapassam nossa capacidade e ameaçam nos destruir completamente.

Pedimos, por fim, a *paz*, isto é, a tranquilidade, o equilíbrio, a serenidade. Nesse sentido, a paz se revela mais forte que a felicidade que, por natureza, é relativa e efêmera. De fato, não podemos ser felizes nas provações da vida, mas podemos atravessá-las com paz e serenidade.

• •
Venha, Espírito de luz, de força e de paz.
• •

Essa prece pode, evidentemente, ser dita para os outros:

•••••••••••••••••••••••••••••

"Espírito de luz, de força e de paz, desça à alma e ao coração de... (*nome*)".

•••••••••••••••••••••••••••••

Prece para quando se está em situação extrema

As duas preces seguintes se aplicam em situações extremas da vida, situações que realmente nos ultrapassam. Nessas ocasiões precisamos de uma ajuda onipotente, que só pode ser de origem divina.

•••••••••••••••••••••••••••••

Senhor, creio que és mais forte que minha provação, porque venceste a morte por meio da ressurreição, porque és o Deus do impossível, porque tenho valor a teus olhos e porque tu me amas.

•••••••••••••••••••••••••••••

O que é a Ressurreição? É a Vida (a de Deus) que vence a morte sob todas as formas, entre as quais nossas mortes cotidianas. Impossível não evocar diante desse tema a maravilhosa máxima elaborada por São Bernardo: "Nada é tão destinado à morte que a morte do Cristo não possa libertar. Quando penso nesse remédio tão forte e tão eficaz, a pior das doenças não me assusta".[2] Jesus encarna esse paradoxo existencial: ele morreu dando vida.

---

[2] Citada em *Nouvelle revue théologique*, tomo 130, n. 1, p. 92, jan./mar. 2008.

A prece seguinte pode ser dita por uma pessoa doente ou em forte provação:

••••••••••••••••••••••••••••

Senhor, que o poder de tua ressurreição irrompa na vida de... (*nome*).

••••••••••••••••••••••••••••

Prece do nome de Jesus

Outra prece poderosa é a *prece do nome de Jesus*. Ela tem a vantagem de ser curta e de convir em todas as circunstâncias da vida, principalmente quando não se gosta de preces longas. Como diz um autor ligado à espiritualidade: "Quando a prece não tem a simplicidade de uma simples fórmula, não se tem a arte de rezar".

A prece que mencionamos agora consiste na simples invocação do nome de Jesus. Diz-se simplesmente "Jesus", empregando toda a atenção na palavra. A riqueza e o valor dessa prece vêm do fato de que ela evoca o sentido profundo do nome de Jesus, que em aramaico significa "Salvador", isto é, "Aquele que salva", portanto, aquele que cura. É preciso dizer "Jesus" (ou "Jesus, me salve!") com confiança, pensando que seu nome é cura.

••••••••••••••••••••••••••••

"Todo aquele que invocar o nome do Senhor será salvo" (Joel 3,5).

••••••••••••••••••••••••••••

Dizem os santos que as pessoas alcançam o que pedem na medida de sua confiança. Nesse sentido, a confiança está intimamente ligada à fé.

Com frequência busco essa fé em belas passagens da Bíblia, como as que se seguem, nas quais costumo meditar nas provações da vida:

• •

"Dá a teu servo a tua força...
No dia da minha angústia, clamo a ti,
porque tu me respondes, Senhor" (Salmos 86,16.7).

• •

"Em sua angústia, eles clamaram ao Senhor,
e ele os tirou da aflição:
conduziu-os por um bom caminho,
para uma cidade em que pudessem se estabelecer"
(Salmo 107,6-7).

• •

"Sou o Senhor, aquele que te cura" (Êxodo 15,26).

• •

"Ele dá forças a quem está fraco.
Os jovens se cansam e se exaurem,
e os atletas sucumbem,
mas aqueles que esperam no Senhor
ganham novas forças
e alçam voo como águias,
correm sem se cansar,
avançam sem se exaurir" (Isaías 40,29-31).

"Vinde a mim todos os que estão cansados
de levar um pesado fardo,
pois eu vos aliviarei.
Tomai sobre vós o meu jugo,
aprendei de mim,
que sou manso e humilde de coração,
e achareis descanso.
O jugo de que vos falo
é fácil de levar,
e leve também é o fardo" (Mateus 11,28-30).

Na provação e na dificuldade, é bom meditar nessas palavras e dizê-las lentamente, como uma prece, pensando em cada palavra, com a consciência do poder de cura que elas encerram, pois a Palavra de Deus produz aquilo que ela significa.

Prece de entrega

A prece de entrega agrada a Deus, pois é formulada em respeito à vontade de Deus com relação a nós. A fórmula que sugiro é a empregada por Jesus no jardim de Getsêmani:

"Pai, se quiseres, afasta de mim esse cálice! Que seja feita a tua vontade, não a minha!" (Lucas 22,42)

Não posso deixar de evocar aqui a atitude admirável de Jó no Antigo Testamento. Depois de ter perdido tudo – saúde, trabalho, bens, família –, Jó diz ao Senhor: "O Senhor deu, o Senhor tirou, bendito seja o nome do Senhor!" (Jó 1,21). Sua prece tanto agradou a Deus que este não apenas restabeleceu a condição em que Jó se encontrava antes, mas também lhe deu o dobro do que tivera.

Na tradição cristã, diz-se que o ápice da vida espiritual consiste em se conformar à vontade divina. Ora, querer o que Deus quer é querer o bem, pois Deus sabe mais que nós aquilo de que precisamos e só pode querer nosso bem e nossa felicidade. Devemos, portanto, confiar totalmente nele. Para expressar nossa confiança em Deus, podemos dizer esta bela prece de São Francisco de Sales:

> Deus, vós sois meu Deus, e me entrego a vós; vós me dareis assistência, sereis meu refúgio, e eu nada temerei, pois não apenas estais comigo, como também estais em mim, e eu em vós.

Mesmo por entre as dificuldades, as provações, as doenças, Deus tem um desígnio inteligente para nós. Nesses momentos, é preciso rezar com confiança, mesmo que nem sempre compreendamos o sentido daquilo que nos acontece. Lembremo-nos então de que Deus é capaz de converter o mal em bem.

Prece de louvor

Essa não é uma prece como as outras. É a prece pela qual expressamos nossa relação fundamental com Deus.

Diz-se que São Paulo viveu tribulações de todo tipo. Apesar de tudo, ele exortava os primeiros cristãos.

••••••••••••••••••••••••••••••

"Não vos inquieteis com coisa alguma; antes, por meio da prece, da súplica, e com ação de graças, apresentem a Deus vossos pedidos" (Filipenses 4,6).

••••••••••••••••••••••••••••••

Os mestres da espiritualidade ensinam que dizer "Obrigado, meu Deus!", em meio à doença, vale mais que as mais belas preces lançadas a um céu sem nuvens. O louvor tem o poder de atrair o poder de Deus, principalmente nas situações mais difíceis e angustiantes.

Eis a prece de louvor que recomendo:

> Senhor, eu te louvo, eu te bendigo, eu te rendo graças por...

Podemos acrescentar, conforme o caso: "... pelas maravilhas que fizeste em minha vida", ou "... pela saúde que me deste até este momento" etc. Acrescenta-se aquilo que se quer.

A prece de louvor é uma prece de reconhecimento. Em sua vida terrena, Jesus mostrou-se sensível ao reconhecimento.

• •

Jesus entrava num povoado quando dez leprosos vieram ao seu encontro. Eles pararam a uma certa distância e começaram a clamar: "Mestre Jesus, tenha piedade de nós!". Jesus olhou para eles e respondeu: "Procurem os sacerdotes e peçam que eles os examinem". Já no caminho foram curados. Um deles, ao ver que recebera a cura, voltou atrás, louvando a Deus em voz alta. Ele se jogou aos pés de Jesus, rosto no chão, e agradeceu. Esse homem era samaritano. Jesus então falou: "Todos os dez foram curados, não? Onde estão os outros? Ninguém pensou em voltar para agradecer a Deus a não ser esse estrangeiro?". E disse ao samaritano: "Levanta-te e vai; tua fé te salvou" (Lucas 17,12-19).

• •

Muitas vezes, assim como os nove leprosos, nos esquecemos de render graças. Assim que recebemos aquilo que pedimos, com frequência deixamos de agradecer a Deus, que, ao longo da Bíblia, não deixa de lamentar a tendência ao esquecimento, à ingratidão de seu povo.

O louvor atrai o poder de Deus, atrai sua salvação que nos devolve a vida, que faz tudo se recompor. Todos esses sinais são confirmados na história do povo de Deus, que constantemente ilustra essa verdade, a de que "Deus está conosco".

Prece para nos livrar do medo e da angústia

Podemos dizer a seguinte prece para nos livrar do medo, da ansiedade, da angústia. Não me lembro de ter recitado esta prece e não ter me tranquilizado. A cada vez que a angústia voltava, eu a dizia novamente:

> Em teu nome, Senhor Jesus, pela força do Espírito Santo e pela glória do Pai, livra-me de todo medo, receio, angústia ou ansiedade. Jesus, meu salvador, liberta-me principalmente de todo ódio, orgulho, agressividade, rancor e desejo de vingança. Livra-me também de todo sentimento de culpa, insegurança e de inferioridade. Reconheço humildemente que és meu único libertador! Misericórdia, Jesus! Tenho confiança em ti!

Há, por certo, muitas outras preces de que podemos nos servir em meio à provação e à adversidade.

A prece é eficaz?

Com frequência ouvimos: "Eu rezo, mas Deus não me escuta", "Deus não faz nada por mim", "Deus não me cura". No entanto, não está no Evangelho que: "Tudo o que me pedires em prece, crê firmemente e serás atendido"? (Marcos 11,24).

A esse respeito, escreveu Daniel-Ange:

> Crês firmemente no poder que a súplica humilde exerce sobre o coração de Deus? Se essa súplica se harmonizar com o coração de Deus, a prece será sempre eficaz, sempre atendida, mesmo que o resultado não seja exatamente aquele que esperarias ou desejarias. Às vezes Deus responde e atende de outro modo ou

além daquilo que poderias imaginar – seus pensamentos não são nossos pensamentos. Eu os respeito. O "pão de cada dia" significa todas as minhas necessidades materiais. Sabendo que tudo depende do Céu, não me envergonho de pedir ao Pai.[3]

Às vezes pensamos que Deus não ouviu nossa prece, mas com mais frequência somos nós que não aceitamos sua resposta. Aliás, se Deus nos concedesse de imediato tudo o que pedimos, não faríamos nenhum progresso na vida.

É preciso compreender a pedagogia divina. Por meio dos obstáculos, Deus quer nos ensinar a rezar, quer nos fazer evoluir, nos levar a maior maturidade espiritual; quer aumentar nossa fé e nossa confiança nele. É quando tudo vai mal, quando não compreendemos aquilo que nos acontece, quando deixamos de ver Deus atuando em nossa vida, que nossa fé nele mais cresce.

Deus não funciona como uma loja de conveniências ou posto de gasolina. Ele não nos concede automaticamente aquilo que lhe pedimos. Com frequência Deus nos atende, mas não do modo como esperávamos.

---

[3] Daniel-Ange, *La prière, respiration vitale*, Éditions des Béatitudes, 2004, p. 109. [Ed. bras.: *A oração*: respiração vital. São Paulo: Paulinas, 2007.]

> Pedi força... e a vida me deu dificuldades para me fortalecer.
>
> Pedi sabedoria... e a vida me deu problemas para resolver.
>
> Pedi prosperidade... e a vida me deu cérebro e músculos para trabalhar.
>
> Pedi o poder de voar... e a vida me deu obstáculos para serem superados.
>
> Pedi amor... e a vida me deu pessoas para ajudá-las em seus problemas.
>
> Pedi favores... e a vida me deu potencialidades.
>
> Nada recebi do que havia pedido... mas recebi tudo de que precisava.
>
> (Original em italiano)

É bom rezar por um milagre, mas não nos decepcionemos muito se Deus responder principalmente com uma transformação gradual. Dizem que é preciso uma noite para que se forme um cogumelo, mas um século para formar um grande carvalho. A grande frustração para com a prece é que o tempo de Deus não é o tempo humano. O tempo de Deus não corresponde necessariamente ao nosso. Estamos sempre com pressa, mas Deus não. Lembremo-nos, porém, de uma coisa: quando Deus intervém, é sempre no momento certo, de modo impecável, muitas vezes quando menos esperamos.

A prece perseverante toca o coração de Deus. Há no Evangelho muitos exemplos de pessoas que, importunando Deus, foram atendidas. Basta verificar as seguintes passagens: a oração insistente (Lucas 11,5-10), a viúva e o juiz (Lucas 18,1-8), a mulher cananeia (Mateus 15,21-28), aparição junto ao lago (João 21,1-7).

Quando rezamos, devemos considerar nossa prece um grão semeado. Esse grão precisa crescer. Quanto a saber quando e como tudo se dará, isso é com Deus. Nosso papel é pedir aquilo de que precisamos. Todo o resto, os detalhes, diz respeito ao Pai. Cumpramos fielmente nosso papel de pedir e deixemos o resto com Deus, tendo fé nele. É pedir, recorrer a Deus para que nossas necessidades sejam atendidas e, em seguida, esperar os resultados. Enquanto isso, agradeçamos constantemente pelo trabalho que está sendo feito. Multipliquemos louvores, ainda que sem ver nada acontecendo. Lembremo-nos de que não há limites para o poder de Deus. Tudo é possível! Podemos ter certeza de que nossa fé será recompensada e de que rezar desse modo não nos trará decepção.

O sinal mais seguro de que nossa prece é autêntica e de que Deus nos escuta é precisamente a perseverança na prece, mesmo que a resposta demore a vir. Essa atitude de humildade com certeza toca o coração de Deus.

À luz do que acabamos de dizer, vejamos as condições necessárias para se rogar a Deus:

- Lembrar-se de que Deus tem o poder de curar toda doença e afastar todo sofrimento.
- Aceitar não rezar apenas para nossa cura e pedir forças para assumir nossa provação; eis a verdadeira cura a ser obtida, eis o verdadeiro milagre a ser pedido a Deus.
- Crer firmemente que nunca rezamos em vão e que toda prece é atendida, mesmo que nem sempre do modo esperado.
- Crer que Deus sabe melhor que nós aquilo de que precisamos. Ele sabe o que é melhor para nós. É preciso, então, confiar totalmente nele.
- Compreender que Deus, como bom Pai, nunca nos concede algo que nos possa prejudicar.
- Saber que Deus pode decidir nos deixar passar por uma experiência diferente daquela que esperamos viver, a fim de nos fazer crescer com a provação.
- Pedir a Deus a graça de reconhecer o presente do aprendizado contido numa provação que nos parece difícil de aceitar.

Quando rezamos com essas disposições de espírito, com frequência Deus concede aquilo que pedimos.

Prece da serenidade

Resta uma palavra final a dizer sobre a prece e a serenidade.

O que com frequência obtemos com a prece é uma tranquilidade, uma cura interior, o alívio de nossos sofrimentos. É por crer em Deus que podemos transcender a dor. O importante é isso. A prece é essencial, não só para se obter uma cura ou um milagre, mas principalmente para se ter forças para aceitar a doença e o sofrimento.

O mais belo testemunho que conheço quanto a esse tema é o de Gandhi.

> Não sou um homem de letras nem de ciências.
> Tento simplesmente ser um homem de prece.
> Foi a prece que salvou minha vida.
> Sem a prece eu teria perdido o juízo.
> Se nunca perdi a paz da alma,
> apesar de todas as provações,
> foi porque essa paz veio da prece.
> É possível viver alguns dias sem comer,
> mas não sem rezar.
> A prece é a chave da manhã e o ferrolho da noite.
> A prece é uma aliança sagrada
> entre Deus e os homens...

10. COMO ACOMPANHAR UMA PESSOA EM SEU SOFRIMENTO E DOENÇA?

*A maior contribuição da humanidade
é a compaixão diante do sofrimento, isto é,
a consciência do sofrimento dos outros,
a possibilidade de ajudá-los.*
Hubert Reeves

Como acompanhar alguém em seu sofrimento?

Ninguém encontrou o método milagroso, mas o que parece funcionar melhor se expressa em duas palavras: *acolhimento* e *escuta*.

Primeiro, o acolhimento

Louis Pasteur dizia: "Não se pergunta a uma pessoa desafortunada: 'De que país você vem?' ou 'Qual é sua religião?'. A essa pessoa se diz: 'Você sofre, isso basta; eu lhe trarei alívio'".

O acolhimento se faz de modo incondicional. Trata-se de aceitar a pessoa exatamente como ela é. O acolhimento também se faz num clima de confiança e de não julgamento.

O tipo de acolhimento que caracterizou a ação humanitária de Madre Teresa é o da força de "estender a mão". Dizia ela: "Podemos cuidar dos doentes com medicamentos, mas é só com amor que se cuida da solidão". Daí a importância do amor no acompanhamento.

Madre Teresa era católica e vivia na Índia, em meio à religião hindu. Quando, porém, cuidava de um doente ou de um miserável, não perguntava qual era sua religião; ela via em cada pessoa a figura de Jesus Cristo em sofrimento, e isso lhe bastava.

A exemplo de Madre Teresa podemos dizer: "Você procura Jesus? Ele está com o doente que você acompanha. Você caminha ao lado de Jesus como o faria ao segui-lo pelos caminhos da Palestina, da Judeia, da Galileia".

No Evangelho de Mateus, sobre o Juízo Final, Jesus diz àqueles que cuidaram de doentes ou que visitaram prisioneiros:

• •

"Tudo o que fizestes ao menor de meus irmãos, foi a mim que o fizestes" (25,40).

• •

A mais bela forma de acompanhamento reside na *compaixão*. A compaixão é o despertar da humanidade em nós. No mistério da vida, estamos ligados uns aos outros, e essa ligação com muita frequência se dá através do sofrimento e da doença.

É o que evoca a palavra "compaixão", que significa "sofrer com". A compaixão é a atitude pela qual se busca perceber ou sentir o sofrimento dos outros e aliviar esse sofrimento por meio do conforto e do cuidado de cura. A verdadeira compaixão procura ajudar. Exige que a pessoa dê o melhor de si, na medida de suas crenças e de suas capacidades.

A compaixão não nos coloca diante do sofrimento, mas de uma "pessoa que sofre". Aí está a grande diferença. Compadecer-se é antes criar uma química, uma telepatia, um relacionamento positivo, em suma, uma "qualidade de ser"... mas não a qualquer preço. Johanne Ledoux nos alerta:

> Existe a tendência para se ver a compaixão com um olhar condescendente, como se ela fosse da mesma família da piedade, quando na verdade ela é prima da simpatia, embora as duas se refiram à capacidade de "sofrer com".[1]

A piedade não é a verdadeira compaixão. Ter piedade de alguém é olhar essa pessoa de cima. É preciso respeitar essa pessoa, não ter piedade dela. A piedade é também uma emoção por meio da qual podem se manifestar feridas afetivas, quando ela se torna demasiado forte. Isso acontece quando a pessoa se identifica com o sofrimento de outra.

O que nos leva a distinguir compaixão de identificação. A compaixão não é um sentimento, mas uma atitude. Na identificação nos colocamos mais ou menos emotivamente no lugar do outro e reagimos como se fôssemos essa pessoa. Há aí o perigo de se identificar demais com a pessoa. O acúmulo de experiências emocionais pode acabar traumatizando o acompanhante. É necessário, portanto, manter certa distância

---
[1] Johanne Ledoux. Op. cit., p. 132.

psicológica em relação ao acompanhado, uma distância que permita uma autêntica relação de ajuda.

Manter distância não significa ficar imune aos humores da pessoa acompanhada. Ela está vulnerável, o que implica suscetibilidade, impaciência, irritabilidade e até mesmo discussões. Certos doentes parecem caprichosos e difíceis de contentar. Há também as pessoas depressivas. Seus esquemas de pensamento são diferentes dos de uma pessoa equilibrada. Elas veem a realidade através do prisma da doença e do sofrimento. É preciso, portanto, compreender que não é a nós que se dirigem, mas essa é a forma de expressarem seu sofrimento.

Em seguida, há a escuta

Toda pessoa que sofre sente a necessidade de ser ouvida.

Aqueles que trabalham com cuidados paliativos são unânimes em dizer que a melhor atitude consiste em ouvir os doentes, não em tentar conduzi-los a um ponto considerado desejável.

Eis o que diz Johanne Ledoux a esse respeito:

> Quando nossos amigos ficam sabendo que estamos com câncer, eles gostariam de ter poderes mágicos para nos curar. Chegam às vezes até mesmo a ter uma solução milagrosa para nossos males.
>
> Se eles nos viram definhar ao longo da vida num escritório, quando queríamos pilotar avião, se nos viram num casamento malsucedido e destrutivo durante décadas, se nos viram nos arrastar pela vida durante

> muito tempo, como condenados à morte, eles certamente gostariam de que aproveitássemos a ocasião da doença para mudar radicalmente o rumo da vida.
> Provavelmente eles têm razão, só que é de dentro de nós que a solução tem que vir. O longo caminho de volta para compreendermos aquilo que resultou em um tumor, o trabalho e as escolhas para reverter o curso da doença, somos nós que precisamos fazer.
> As pessoas que mais me ajudaram durante minha provação "não diziam nada", como os amigos de Jó. Elas sabiam da minha dor, e eu sabia que elas sabiam. Elas sabiam ouvir quando eu precisava e não tentavam abafar meu medo debaixo de um monte de soluções.[2]

Muita gente crê que é absolutamente necessário falar quando se acompanha um doente. Há quem queira lhe mostrar como administrar a doença. Há também quem se sinta na obrigação de oferecer palavras de conforto que às vezes produzem o efeito contrário ao desejado. Isso acontece com frequência quando se quer falar da morte ou de Deus a uma pessoa que não está disposta a ouvir. É preciso discernimento.

Quando se diz algo a uma pessoa doente ou em sofrimento, é preciso que o discurso seja verdadeiro. Eis o que aconselha Anne-Marie Hidber, uma acompanhante de doente em fase terminal:

> O que importa é ser verdadeiro. É preciso banir, por exemplo, fórmulas do gênero: "Compreendo o que

---
[2] Ibid., p. 108.

você sente". Não! Não se pode compreender! Também o diálogo precisa ser verdadeiro. Por isso nunca se deve forçar as confidências. Faça o doente sentir que você é capaz de receber sua confidência, só isso. Sem encenações. Se você colocar uma máscara, a pessoa diante de você a arrancará. Acompanhar pessoas doentes é isso.[3]

A melhor interpretação da doença deve vir da própria pessoa. Ninguém é melhor que ela para traduzir a própria condição. Não é, porém, proibido ajudá-la a colocar em palavras seu sofrimento e sua dor.

É preciso sempre lembrar que a pessoa doente precisa de alguém que se interesse por ela, que lhe expresse compaixão, ainda que o acompanhante não possa fazer nada além de ouvir. O simples fato de ouvir o outro significa compartilhar sua impotência. Quando, porém, o acompanhante esquece a pessoa que sofre, o que ela sente e o que ela vive, o tratamento passa a ser inócuo e não mudará nada.

Em suma, trata-se de ajudar a pessoa doente a enfrentar o que ela vive. Para isso, é preciso lhe dar tempo e espaço para que se expresse. Isso supõe que lhe dediquemos nosso próprio tempo. Quando damos nosso tempo a alguém, oferecemos a essa pessoa algo que não retornará nunca, isto é, lhe dedicamos uma parte de nossa vida. Nosso tempo é nossa vida.

O tempo que lhe dedicamos significa: "Para mim, você tem valor suficiente para que eu lhe dedique aquilo que tenho de mais precioso: meu tempo". Dedicar tempo a alguém

---

[3] Fonte: *site* eletrônico da Igreja Católica Romana de Genebra.

implica autossacrifício, e essa é uma grande prova de amor. O ensinamento evangélico afirma que não há prova de amor maior do que dar a vida por quem se ama.

De outra perspectiva, é preciso considerar que a pessoa em sofrimento pode ser um *mensageiro* para nós mesmos. Deus pode se servir dessa pessoa para nos falar, para nos instruir sobre muitas coisas da vida. Verifica-se nesse caso que dar é também receber.

Nesse caso, poderíamos dizer àqueles que se interrogam sobre o sentido da vida e de sua presença neste mundo que eles poderiam muito bem encontrar a resposta na experiência de dar e receber amor através da missão de acompanhar uma pessoa em sofrimento. As pessoas que sofreram de alguma doença, de abuso, de dependência, de injustiça, de depressão ou outras dificuldades podem, sem dúvida, mais facilmente ajudar uma pessoa doente, em sofrimento ou aflita. A ajuda mais eficaz que poderão então dar provirá por certo de suas feridas mais profundas.

É assim que o serviço de acompanhamento pode dar sentido à vida.

• •

"Aquele que der até mesmo um simples copo de água fresca a um desses pequeninos, por ser este meu discípulo, em verdade vos digo será recompensado" (Mateus 10,42).

• •

Não é então possível servir a Deus servindo os outros?

Se nos empenharmos nesse sentido, não apenas para nossa realização pessoal, mas por Deus, conheceremos de sua parte uma bênção excepcional. E não seria de surpreender se essa bênção viesse a nós no momento em que a doença e o sofrimento batessem à nossa porta.

CONCLUSÃO

*Procuro um cuidador da alma
com a mesma exigência e o mesmo rigor
com que procuro um cuidador do corpo.
Isso é fundamental.*
Johanne Ledoux

Em medicina se diz: "Curar, às vezes; aliviar, muitas vezes; reconfortar, sempre".[1] Na espiritualidade, a ordem se inverte: "Reconfortar sempre; aliviar, muitas vezes; curar, às vezes".

Não se pode expressar melhor a complementaridade existente entre espiritualidade e medicina. Nesse sentido, podemos dizer que todo sofrimento e toda doença devem ser encarados dentro de uma perspectiva psicossomática, isto é, compreendendo o corpo, o espírito e a alma.

Diz-se que: "O ser humano se constrói com seu pensamento, ganha vida com sua alma e o físico prospera com a união dos dois". A relação entre o biológico e o espiritual é incontestável. A antropologia espiritual nos ensina que o espiritual não

---

[1] Esse é, aliás, o título do livro do dr. Joseph Ayoub, oncologista notável e também cristão, que inclui Deus em seus tratamentos. Joseph Ayoub. *Guérir parfois, soulager souvent, réconforter toujours*, Québec, Éditions Anne Sigier, 2004, 312 p.

é apenas uma qualidade do ser, mas transcende toda a pessoa. O ser humano é fundamentalmente um ser espiritual.

A espiritualidade inclui a alma de uma pessoa, sua vida, seu desenvolvimento, a compreensão daquilo que acontece com ela. De modo global, interessa-se por todo o ser. Determina as questões que o ocupam, seu modo de viver, seu objetivo na vida. Também ajuda a exorcizar os velhos demônios que dão origem a muitas doenças.

O espiritual assim se revela como um lugar incomparável de integração, de unidade, de harmonia da pessoa e, com isso, representa um importante fator de cura.

A doença indica não apenas coisas a serem corrigidas ou compreendidas, mas também estados de alma. Segundo o monge psicanalista Anselm Grün, muitas vezes o corpo expressa o que a alma sente, mas não ousa manifestar; então, recalca. Eis por que muitas doenças consideradas psicossomáticas resistem a qualquer terapia. Os sintomas não desaparecem, embora suas causas psíquicas tenham sido colocadas em evidência. É então que a experiência do espiritual através da doença, do sofrimento e das provações pode contribuir para que se abra um importante caminho de cura.

Impresso na gráfica da
Pia Sociedade Filhas de São Paulo
Via Raposo Tavares, km 19,145
05577-300 - São Paulo, SP - Brasil - 2019